n.º 93.

LETTRE

SUR

LE MAGNÉTISME

ANIMAL.

LETTRE

SUR

LE MAGNÉTISME ANIMAL,

Où l'on examine la conformité des opinions des Peuples
Anciens & Modernes, des Sçavans, & notamment
de M. BAILLY avec celles de M. MESMER ; & où
l'on compare ces mêmes opinions au *Rapport* des
Commiſſaires chargés par le Roi de l'Examen du
Magnétiſme Animal ;

Adreſſée à M. BAILLY de l'Académie des Sciences, de
l'Inſtitut de Bologne, de l'Académie de Stockolm, l'un des
Quarante de l'Académie Françoiſe, & l'un des Commiſſaires
chargés par le Roi de l'Examen du *Magnétiſme Animal.*

Par M. GALART DE MONTJOYE.

Il y a deux Claſſes de Sçavans ; il y en a qui obſervent ſouvent ſans écrire ;
il y en a auſſi qui écrivent ſans obſerver. On ne ſauroit trop augmenter la première
de ces Claſſes, ni, peut être, trop diminuer la ſeconde. Une troiſième Claſſe eſt
plus mauvaiſe encore, c'eſt celle qui obſerve mal.

HALLER. Lettre à M. Bonnet.

A PHILADELPHIE,

Et ſe trouve, A PARIS,

Chez PIERRE-J. DUPLAIN, Libraire, Cour du
Commerce, rue de l'ancienne Comédie Françoiſe.

M. DCC. LXXXIV.

ERRATA.

Fautes essentielles à corriger.

Page 7, lign. 21, *au lieu de* tradition, *lisez :* traditions.
Pag. 10, lign. 2, à la note, *au lieu de* faisoit le Baquet, *lisez :* faisoit Baquet.
Pag. 22, lign. 7, *au lieu de* que par M. de Lalande, *lisez :* que M. de Lalande.
Pag. 78, lign. 2, *au lieu de* inintelligible, *lisez :* intelligible.
Pag. 109, lign. 25, *au lieu de* dés-harmonie, *lisez :* harmonie.

SOMMAIRES.

PREMIÉRE PARTIE.

Effet du Rapport dans le Public.
Style de cette Lettre.
Pourquoi adreſſée à M. Bailly.
Rapprochement général des opinions de MM. Bailly & Meſmer.
Peuple primitif.
Connoiſſances perdues.
Traces du Magnétiſme Animal.
Convulſions.
M. Meſmer, Inventeur.
Doctrine de l'Influence des Aſtres.
Influence du Soleil.
———— de la Lune.
———— des Planètes.
———— des Etoiles.
Nature de la Lumière.
Réciprocité de notre Influence.
Aſtrologie avouée par M. Bailly.
———————— par la Faculté de Médecine de Paris.
———————— par l'Académie de Padoue.
———————— par la Société Royale de Médecine.
———————— par le Journal de Paris.
———————— par M. de Lalande.
———————— par Hypocrate, &c.
D'où vient l'oppoſition des Sçavans à cette Doctrine.
Attraction.
Peſanteur.
Vuide.
Queue des Comètes.
Réſiſtance de l'Eſpace.
Attraction du Soleil & des Centres.
Inſuffiſance de l'Attraction.
Si j'ai droit d'avoir un Avis en pareille Matière.
Newtoniens.
Caractère & Génie de Newton.

Son opposition à Descartes.
Ses Incertitudes.
Avoue un Fluide universel.
Opposition de M. Bailly.
Défense de Newton contre M. Bailly.
Principes de M. Mesmer comparés à ceux de Descartes
      & Newton.
      Impulsion & Attraction.
      Mouvement.
      Plein & Vuide.
      Contiguïté de la Matière.
      Repos & Cohésion.
      Solidité & Fluidité.
      Définition du Fluide.
Fluide dans l'Espace.
Unité de Principes.
Modifications du Fluide.
———— dans l'Electricité.
———— dans la Lumière.
———— dans le Feu.
Unité du Fluide.
Avouée par les Commissaires.
Nécessité des Systêmes dans les Sciences.
Insouciance des Sçavans les uns envers les autres.
    Exemple de Descartes & de Pascal.
———— de Newton.
———— envers M. Bailly.
Conclusion de la première Partie.

SECONDE PARTIE.

Lecture des Ouvrages nouveaux.
Comment j'ai lu le Rapport.
Ses Conclusions Métaphysiques.
Leurs Causes.
Fausse Marche & Préventions.
Non-Examen de M. Franklin.
Non-Examen des Commissaires.
Quelle Méthode préférable.
Assoupissemens.
Ovaires & *Utérus.*
Visites médicales.
Plus rares par le Magnétisme.

Expérience relative.
Diverfités dans la manière d'obferver.
Nullité de la Médecine fuivant le Rapport.
Sentie par les Commiffaires Académiciens.
Aveu des Commiffaires Médecins.
Aveu de la Faculté en Corps.
Expériences relatives.
Défenfe de la Médecine contre les Commiffaires.
Doctrine de la Médecine pendant 22 fiècles.
Néceffité de cette Doctrine.
CRISES.
———— fuivant Hypocrate.
———— d'Accouchement.
———— de la Vie.
———— en état de fanté.
———— en état de maladie.
———— leur Doctrine.
———— fuivant Gallien.
———— fuivant la Société Royale de Médecine.
———— Magnétiques.
———— à Convulfions.
Rapprochement d'Hypocrate & de M. Mefmer.
Attendre l'Expérience fur les Crifes à Convulfions.
Ce qu'eft le Magnétifme fuivant le Rapport.
———— Suivant M. Mefmer.
ATTOUCHEMENT.
Sa définition, fuivant le Rapport.
Première Expérience accordée.
Seconde Expérience accordée.
Aveu contradictoire des Commiffaires.
Les Commiffaires condamnés par l'Ufage.
———— par Hypocrate.
———— par toute la Médecine.
Vices de leur définition.
Expérience relative.
Incrédulité en Magnétifme.
Première Claffe.
Deuxième Claffe.
Troifième Claffe.
Quatrième Claffe.
Première Expérience.
Deuxième.
Troifième.
Quatrième.
Cinquième.
Suite de l'Attouchement.
Comment opère le Magnétifme.

Simplicité de cette Caufe.
Ses difficultés.
Indication du fiége du mal.
Comment le Fluide pénétre les Corps.
　Expérience fautive.
Pôles.
Vertu oppofée.
IMITATION.
　En Métaphyfique.
　En Phyfique.
　Dans les Traitemens Magnétiques.
　Dangers des maux de Nerfs.
　Leur utilité.
　Expérience relative.
IMAGINATION.
　Ame.
　Volonté.
　Son action fur le Fluide.
　Fluide foumis à la Volonté.
　Comment.
　Méchanifme du Fluide.
　Preuve par Analogie.
　Marche de M. Mefmer.
　Pouvoir & bornes de l'Imagination.
　Nuit & peut étre utile au Magnétifme.
　Applications de ces principes au Rapport.
Expériences contraires à celles du Rapport.
　　Première.
　　Deuxième.
　　Troifième.
　　Quatrième.
Conclufions des Commiffaires.
La mienne.

LETTRE

LETTRE

SUR

LE MAGNÉTISME ANIMAL.

PREMIÈRE PARTIE.

Vous avez été, Monsieur, l'un des Commissaires nommés par le Roi pour l'examen du Magnétisme Animal. On n'ignore pas dans Paris que vous avez dressé leur Rapport; vous ne le niez pas; &, quand vous chercheriez à vous en défendre, personne ne s'y méprendroit. L'ordre & la méthode qui y régnent, la clarté des idées, leur enchaînement, la sagesse & la décence des expressions, certains coups de maître dans la disposition du style, tout décéle l'Auteur de l'Histoire de l'Astronomie Ancienne & Moderne.

Sous de pareils auspices, avec des avantages aussi marqués, le Rapport de MM. les Commissaires, entièrement défavorable au Magnétisme Animal, devoit ôter aux bons esprits toute croyance dans le Magnétisme Animal; cependant cela n'est pas arrivé. N'est-ce pas, Monsieur, une forte présomption que le mé-

A

rite de l'Ouvrage est dans la forme & qu'il
pêche par le fonds? C'est mon sentiment:
c'est l'objet de la discussion que je présente à
notre Juge commun; le Public.

Sans doute qu'au moment où l'Ouvrage a
paru, les personnes déjà contraires au Magnétisme Animal, ont fait trophée d'une production conforme à leurs idées. On l'a élevée
en signe de ralliement & pour gage du salut
commun; mais je n'ai pas vu qu'elle ait ébranlé
la confiance de ceux qui croyoient au Magnétisme Animal; &, ce qui est plus concluant,
j'ai rencontré de tous côtés des gens indifférens à la chose, dont le résumé remarquable a
été, dès le premier moment: » Il est évident
» qu'on n'a pas voulu voir ». Et, en effet,
j'espère prouver que MM. les Commissaires
n'ont pas voulu voir; qu'ils se sont mal placés pour envisager la question; qu'ils l'ont
mal examinée, & conséquemment mal jugée.

Style de cette Lettre. Qu'on ne s'attende pas cependant à me
voir discuter ces divers points en suivant
votre marche pas à pas. Je sais trop ce que
je perdrois à faciliter ainsi la comparaison de
mon style avec le vôtre; & je vous avoue
naturellement que je n'ai pas une assez grande
provision de modestie pour courir de propos
délibéré les dangers d'une pareille concurrence. D'ailleurs mon but est de persuader;
le secret infaillible de de manquer seroit de
me traîner lourdement après vous; j'ennuie-
rois dès les premières pages. Ainsi donc,
Monsieur, trouvez bon que je converse fami-
lièrement; je quitterai peu ce ton; & j'espère assez en lui pour me flatter que mes

lecteurs ne feront ni rebutés ni fatigués de paffages affez férieux ou abftraits.

Il eft naturel qu'on me demande pourquoi je m'adreffe particulièrement à vous, tandis que votre ouvrage eft commun à vos Collégues. En premier lieu, cette tournure eft plus coulante, plus facile, moins monotone ; &c, pourvû que je revienne de tems en tems à MM. les Commiffaires, on ne pourra pas me taxer de les négliger. En fecond lieu, je ne me diffimule pas combien la queftion qui nous agite roule fur des mots. Vous n'avez eu qu'à établir des idées réfumées. Pour y répondre je ferai quelquefois obligé d'épiloguer; genre fâcheux d'écrire, en ce qu'il donne l'air d'humeur, & que quelquefois il en infpire, au moment que l'on s'en doute le moins. Dans cette pofition épineufe, il eft avantageux de fe rappeller fouvent que l'on eft en regard d'un Savant également poli & profond, d'un homme du monde, vraiment aimable, d'une perfonne connue dans la Société par l'aménité de fes mœurs & la folidité de fes attachemens. Pouvois-je mieux choifir que vous, vous dont mon cœur & mon efprit font fi fort accoutumés à chérir & la perfonne & les talens ? Enfin, Monfieur, je vous ai une obligation dont vous ne vous doutez pas, & c'eft le moment de la reconnoître. Vous avez été mon premier maître en Magnétifme Animal. C'eft vous, qui, le premier, m'en avez fait preffentir la poffibilité. Si vous ne m'entendez pas je vais m'expliquer, d'autant plus volontiers, que ce développement me fera entrer en matière.

Pourquoi adreffée à M. Bailly.

A ij

Rapproche-
ment général
des opinions
de MM. Bailly
& Mesmer.

J'avois lu, Monsieur, en province, quelques extraits de votre Astronomie ancienne, & de vos premières Lettres sur l'Atlantide de Platon. Leur éloge & leur critique ne pouvoient que m'intéresser ; & l'un de mes premiers soins, à mon arrivée à Paris, fut de me procurer vos Ouvrages. Le hazard voulut qu'au même moment, je fisse connoissance avec M. Mesmer. Ainsi je me trouvai naturellement placé entre vos opinions & les siennes. La singularité de ses procédés magnétiques, seule chose que j'apperçusse alors, n'étoit nullement de mon goût. L'intérêt même d'un véritable ami qui s'étoit livré à ses soins, ne pouvoit affoiblir ma répugnance pour des impositions de mains, un doigt en l'air, & une baguette magique. Cependant il se portoit mieux cet ami, & j'en convenois. Mais pouvois-je manquer de raisons pour attribuer son nouvel état à des causes absolument étrangères au Magnétisme Animal? Le repos, les bains, le régime, n'étoient-ils pas suffisans pour opérer ce changement? Ne pouvois-je pas dire comme MM. les Commissaires dans leur rapport? » Ces effets que » l'on attribue au Magnétisme Animal, ap- » partiennent tous à des causes naturelles & » connues (1) ». Néanmoins je ne me vanterai pas d'avoir raisonné alors aussi doctement qu'ils l'ont fait depuis; mais je puis me flatter d'avoir, dès ce tems-là, employé le mot d'*Imagination*.

_____

(1) Rapport des Commissaires de l'Académie des Sciences & de la Faculté de Médecine de Paris ; pag. 10.

Je ne fais combien de tems auroit duré une répugnance que je croyois invincible, fi je n'avois pas eu le bonheur de vous lire. Les idées de M. Mefmer, en oppofition à tout ce que je favois, heurtoient mon efprit de front; elles me choquoient : les vôtres, plus rapprochées de moi, prenoient mon efprit de biais; elles me plaifoient : par momens, la conformité des unes & des autres m'ébranloit. Je revenois à lui. J'écartois, il eft vrai, comme un enfant, mes lèvres du vafe dans lequel il me préfentoit fa Médecine, mais j'y retournois un inftant après ; & comment au-rois-je pu réfifter ? Je vous avois toujours à mes côtés, m'encourageant par des raifons, & me fubjuguant par un ftyle enchanteur.

Il faut voir dans vos propres Ouvrages, Monfieur, avec quelle fagacité, avec quelle profondeur, avec quelle agréable érudition, vous éclairciffez, & vous fixez, pour ainfi dire, une des plus intéreffantes époques de l'Hiftoire des Sciences ; je veux parler de votre fyftème fur l'exiftence néceffaire d'une ou plufieurs Na-tions antérieures à toutes les Nations dont l'Hiftoire nous ait tranfmis le fouvenir. Après avoir examiné l'état de l'Aftronomie chez les peuples que nous appellons Anciens, mais qui ne le font que relativement à notre mo-derne exiftence ; après vous être convaincu qu'ils n'avoient poffédé que les débris d'une fcience mieux connue avant eux ; après vous être mis en état de prouver qu'ils en igno-roient l'origine & les premiers éléments, com-bien votre conclufion ne devient-elle pas fim-ple ? Si la Science exiftoit, elle avoit certaine-

Peuple pri-mitif.

A iij

nement eu des Inventeurs. Si les peuples qui
nous ont précédé n'ont faifi que des réfultats;
fi ces réfultats fuppofent néceffairement des
principes très-compliqués, & que cependant
ces mêmes peuples ayent ignoré ces principes ; s'ils n'ont pas fu perfectionner les inftru-
ments qu'ils avoient en main ; fi même ils
n'ont pu lier deux vérités ifolées, en les rapprochant d'une vérité primitive qui leur étoit
inconnue ; il s'enfuit indifpenfablement qu'ils
n'étoient pas les inventeurs de la fcience,
qu'ils n'en avoient hérité que par parcelles,
& qu'ils la tenoient de quelqu'un plus inftruit.
Ce quelqu'un ne peut être qu'une Nation très-
ancienne; antérieure à tout ce que nous connoiffons, & qui vraifemblablement a difparu
de ce monde, de manière à ne laiffer de fon
favoir que des traces infolites, fans connexité
apparente entre elles, & tellement éparfes dans
tous les coins de notre Univers, qu'il a fallu
remuer & fouiller à fond les Archives du
Monde pour opérer leur rapprochement; rapprochement, qui, feul, a pofé les fondemens
des lumières actuelles. Vous avez eu, Monfieur, la gloire de travailler à ce dépouille-
ment, de manière à établir & conftater invin-
ciblement les faits fur lefquels vous appuyez
la vérité la plus authentiquement démontrée ;
& cette gloire, fi légitimement acquife, vous
a placé de plein vol, & de plein droit, au rang
de nos Savans les plus juftement confidé-
rés. (1)

(1) L'Hypothèfe de M. Bailly a trouvé, parmi les Savans, plus
d'indifférence que de proneurs. M. de Condorcet, dans fon Dif-

Qu'on me pardonne une excurfion qui paroît hors de place ; je l'ai cru néceffaire pour
amener une de vos propofitions qui a plus
directement trait à ma caufe. Vous avez penfé, Monfieur, comme chofe hors de doute,
que le Peuple qui tenoit la clef de la véritable
Aftronomie, devoir avoir un enfemble de
connoiffances dont plufieurs pouvoient être
perdues pour nous, qu'il étoit poffible de retrouver, & auxquelles on peut appliquer ce
que vous dites de l'Aftronomie. « En cher-
» chant le premier pas de l'efprit humain,
» nous n'appercevons que des débris ; nous ne
» rencontrons que des veſtiges d'une fcience
» détruite, d'une inftitution primitive. Sans
» doute ces débris fe tenoient par une chaîne,
» aujourd'hui brifée & perdue, ou du moins,
» cachée dans l'obfcurité des tems (1) ».

Pourquoi, Monfieur, le Magnétifme Animal ne feroit-il pas une de ces chaînes bri-
fées & perdues de tradition, qu'on cefferoit
d'avilir par des fuperftitions bizarres, fi l'on
découvroit la vérité primitive qui leur fert de
bafe ? Cette opinion, vous & M. Mefmer l'a-
vez exprimée avec profondeur. Voici vos expreffions :

Connoif-
fances per-
dues.

Traces du
Magnétifme
Animal.

cours à l'Académie Françoife, pour la réception de M. Bailly, a
même cru pouvoir la mettre au rang des Romans ingénieufement
écrits. Il feroit curieux de voir comment M. de Condorcet, ou
toute autre perfonne de poids dans les Sciences, s'y prendroit
pour refuter M. Bailly fur le fonds de la queftion ; car la recherche
du lieu qu'a pu habiter un Peuple primitif, & celle du tems où il a
exifté, M. Bailli lui-même n'y attribue d'autre mérite que celui de
conjectures hazardées plus ou moins heureufement. A-t-il ou n'a-t-il
pas exifté un Peuple éclairé, antérieur aux Peuples connus que nous
nommons Anciens ? Voilà l'unique queftion.

(1) Aftronomie moderne, tom. 1, pag. 1.

A iv

» Il feroit aifé de faire voir que toutes les
» erreurs vulgaires, les préjugés du peuple,
» naiffent des idées Philofophiques mal en-
» tendues, dénaturées par la tradition orale ». (1)
Voici maintenant comment M. Mefmer
préfente la même idée. « On pourroit avancer
» que, parmi les opinions vulgaires de tous les
» tems, qui n'ont pas leurs principes dans le
» cœur humain, il en eft peu, qui, quelques
» ridicules & même extravagantes qu'elles pa-
» roiffent, ne puiffent être confidérées comme
» le refte d'une vérité primitivement recon-
» nue ». (2)

Combien cette hypothèfe n'acquiert-elle pas
de force, quand on jette un coup d'œil férieux fur l'Hiftoire des divers Peuples, les
mœurs de l'Antiquité, fes opinions, fes nom-
breufes Religions, fes fuperftitions, &c? Par
quel préjugé la Médecine a-t-elle été long-
tems pratiquée par divination, par incanta-
tion, par impofitions des mains? On menoit
le pauvre à la porte du Temple pour que le
Prêtre le touchât en paffant. Le riche, tout
comme à préfent, étoit introduit fous les Par-
vis, fans doute, pour y être traité avec plus
de foin. L'habitude de *moffer* s'eft confervée
dans l'Inde; l'habilité des Brames à foulager
& même guérir les malades par attouchement
paroît avérée. Leurs procédés font analogues
à ceux de M. Mefmer, foit qu'ils agiffent par
tradition & fans principes, foit que les Euro-
péens, ce qui eft auffi vraifemblable, n'ayent

(1) Aftronomie ancienne, tom. I, pag. 275.
(2) Mémoire fur la découverte du Magnétifme Animal, pag. 5

pas en l'adreffe ou le difcernement de leur
dérober une fcience importante. Cette médecine eft commune aux Hordes Sauvages. Nos
Bergers des montagnes ont la réputation de
faire des chofes extraordinaires. Dans nos
campagnes, le Jardinier, le Laboureur par-
tagent leur tems & dirigent leurs travaux, à
l'aide d'obfervations que nous difons fu-
perftitieufes, mais dont nous ne parvenons
pas à les faire départir. Le Matelot ne marche pas fans confulter la Lune. Defcendons
jufqu'au Peuple des Villes. C'eft la claffe
d'hommes dont l'aviliffement déshonore le
plus l'humanité. Qu'y trouvons-nous ? Des
opinions trop répandues dans ce qu'on appelle
la bonne compagnie. Nos livres difent qu'on
ne croit plus aux Sorciers. C'eft bien dit;
mais, les difeurs de bonne aventure ne manquent pas d'occupation. Qu'on en laiffe quelqu'un exercer ouvertement fon métier dans
Paris, & bientôt vous verrez tous les car-
roffes d'un monde éclairé paffer à fa porte.
  Qu'induire, Monfieur, de ce cri univerfel
des Nations ? Il fort de tous les rangs & de
tous les états. Eft-ce une raifon pour le mé-
prifer que de ne fçavoir pas y répondre ? Les
abfurdités, les fupercheries, les abominations,
dont il n'eft que trop fouvent accompagné,
ne font-ce pas autant de raifons prépondérantes
qui nous preffent d'y trouver une réponfe affez
fimple, affez frappante, pour éclairer les efprits, & les dégager des chaînes humiliantes
fous lefquelles ils gémiffent ? Une exemple
donnera à ma penfée une extenfion utile. Perfonne n'ofe citer férieufement cet exemple,

de peur du ridicule; mais moi, qui ne crains pas le ridicule, je le citerai.

Convulsions.   Je veux parler des convulsions, phénomène qu'on n'a pas encore examiné avec affez d'attention; d'abord, parce que la Religion y étoit mêlée, & enfuite, à cause des plaisanteries d'une Secte qu'on a décorée, je ne fais pourquoi, du nom de Philofophes. Les miracles qu'on citoit, Monfieur, n'étoient pas des miracles; mais, à quelques exagérations près, fort difficiles à démêler; les guérifons préfentées au Roi par M. Carré de Mongeron étoient réelles. (1) Elles font au nombre de huit; & je ne parle pas des friponneries, des rêveries, ni même des faits vrais, qui peuvent avoir eu lieu depuis. Mais, quant aux huit guérifons dont je parle, j'en ai vu opérer d'analogues par le Magnétifme Animal. Nous ne ferons pas fitôt d'accord vous & moi. Mais, en attendant, transportons-nous à cette époque fâcheufe. Repréfentons-nous, s'il se peut, l'échauffement des efprits, l'embarras du Gouvernement. Il falloit prendre un parti, arrêter & contenir le Peuple, & furtout les gens perfuadés, & malheureufement

_____

(1) Par des directions particulières & dues au hazard, le tombeau de S. Médard faifoit *Baquet Magnétique.* D'abord, les effets étoient légers; mais plus il s'affembla de monde autour du *Baquet,* plus il acquit d'activité. Telle eft la folution de ce fameux problème. Aujourd'hui que les caufes font connues, on doit comprendre comment la vérité des faits a pu être arrêtée par les perfonnes du plus grand poids; au nombre defquelles il faut diftinguer, en Médecine, Gendron, l'Oracle des Oculiftes François, Sylva, autre Oracle de ce tems-là, Linguet, Cofnier, Lecointre, Reneaume, Chomel, Bailly, Coftard, Fabris, Gaulard, de l'Epine, & Hecquet, lui-même, qui a fait un livre tant cité pour prouver qu'il n'y avoir en tout cela que de l'Imagination; en Chirurgiens, Demanneville, Souchai, Boudou, Ledran, Raimond, Galland, &c.

trop zélés, qui en impofoient par un caractère refpectable, par un favoir réel, par une
confiftance quelconque. On prit le parti de la
rigueur, parti extrême, mais qui, dans le moment, avoit fes côtés excufables. Cependant,
que d'emprifonnemens ! que d'exils ! que de
pleurs ! que de familles défolées, & privées
de leurs chefs, ou de ce qu'elles avoient de
plus cher ! Combien auroit été précieux alors
l'homme de Génie qui, pénétrant jufqu'aux
barrières dont la Majefté du Trône eft envi-
ronnée, auroit élevé la voix pour dire à un
Roi, vraiment doux par caractère, tel que
Louis XV. » Sire, il eft aifé d'appaifer les
» troubles qui défolent votre cœur & votre
» Royaume. Les phénomènes qui ont lieu ne
» font ni furnaturels, ni dus à l'impofture,
» ce font des effets phyfiques, auxquels on
» peut donner en tout tems une direction fa-
» lutaire; fi vous daignez confentir à ce qu'il
» foit établi des appareils fort fimples dans
» vos hôpitaux, j'y opérerai des effets, des
» foulagemens, & des guérifons du même
» genre que ceux qu'on vous cite; je ferai
» plus, j'inftruirai vos Médecins de ma doc-
» trine ». Si la propofition avoit été acceptée,
il eft à préfumer que le Peuple, voyant fes
prétendus miracles changés en une fcience
hofpitalière, & maniée par des Médecins à
qui fa confiance étoit déjà dévolue, il eft à
préfumer, dis-je, que le Peuple auroit de
lui-même quitté le lieu de la fcène pour les
hôpitaux, où tout autre lieu qu'on lui auroit
indiqué; & alors la Capitale & les Provinces

auroient respiré en paix. Alors plus d'empri-
sonnemens, plus d'exils, plus de pleurs, plus
de familles désolées.

Mais l'idée du bonheur de nos Pères ne
m'entraîne-t-elle pas au-delà des bornes ? Je
ne songe pas qu'il se seroit peut-être trouvé
auprès du Trône quelqu'un pour répondre :
« Sire, gardez-vous bien d'écouter cet
» homme : Il touchera le *Colon* de vos Sujets.
» C'est un mouvement très-dangereux ; car la
» Nature semble indiquer, comme par in-
» stinct, cette manœuvre aux hypocondriaques.
» En excitant l'irritabilité du *Colon*, il se
» gonfle plus ou moins. Il prend quelquefois
» un volume considérable. Alors il commu-
» nique au Diaphragme une telle irritation que
» cet organe entre plus ou moins en convul-
» sion. Si vous n'y avisez, on appellera im-
» proprement cet état *crise*. Ce spectacle sera
» dangereux à cause de l'Imitation dont la
» nature semble nous avoir fait une loi. Les
» convulsions pourront devenir habituelles &
» nuisibles. Elles pourront se répandre en épi-
» démie, & peut-être s'étendre aux généra-
» tions futures (1) ».

Et moi, encore tout étonné d'entendre des
assertions aussi extraordinaires, que j'emprunte
de MM. les Commissaires, je prétends, que,
si M. Mesmer n'avoit trouvé, pour tout moyen,
qu'une manœuvre indiquée par la Nature, &
comme par instinct aux hypocondriaques, encore auroit-il rendu un grand service à la tran-

---

(1) Rapport de l'Académie, pag. 48, 49, 7, 64 & 66.

quillité des états. Car enfin qui nous affure
que le fait des convulfions n'arrivera plus ? Il
faut bien peu connoître le Peuple & les Provinces pour ignorer que de pareils événemens,
quoique moins éclatans, ne font pas rares.
N'a-t-on pas vû, il n'y a que dix ans, le Curé
Gaffner, homme fimple & vraifemblablement
très-borné, porter le trouble & le défordre
dans toute l'étendue de l'Electorat de Bavière ?
S'il fuffit de toucher le *Colon* pour appaifer de
pareils troubles à l'avenir, qu'elle obligation
n'aura-t-on pas à M. Mefmer ?

M. Mefmer ! Ce fera un grand nom dans la M. Mefmer, Inventeur.
poftérité que celui de M. Mefmer. Pourquoi
n'oferois-je pas le dire ? Seroit-ce par ce que,
jufqu'au titre banal de *Monfieur*, on le lui re-
fufe dans la plûpart des écrits du jour ? Les
recherches, qui naguère, auroient été trai-
tées de puériles, deviennent de la plus haute
importance, aujourd'hui qu'il s'agit de dé-
primer fon mérite. Eh ! que m'importe à moi,
qu'importe à la poftérité que quelques idées
de M. Mefmer ayent été jettées dans le Monde
avant lui, fi elles ont refté fans utilité ? Quelle
eft la vérité qui n'ait pas été dite avant nous ?
A quoi fe réduiroient les talens des plus grands
génies, s'ils n'avoient fu profiter des lumières
de leurs Prédéceffeurs. Notre éducation,
qu'eft-elle au fonds, finon un recueil des idées
d'autrui ? La Matière fubtile de Defcartes,
l'Attraction de Newton étoient-elles des idées
nouvelles ? Le mérite de ces hommes juftement
célébres, n'eft-il pas dans les conféquences,
le renouvellement & la liaifon de principes
déjà connus ? Oui, Monfieur, pour me fervir

de vos expreſſions : « (1) C'eſt ainſi que mar-
» che l'eſprit humain ; il ſemble que les idées
» s'eſſayent avant de ſe montrer au grand jour.
» Pluſieurs têtes les conçoivent, mais propor-
» tionnellement à leur capacité. Qu'on n'en
» infère rien contre les Inventeurs ; leur gloire
» n'eſt point affoiblie par cette préparation des
» idées. C'eſt le terroir qui donne à un germe
» ſon entier développement. Dans le travail
» de la Nature, le ſeul but eſt la production.
» On ne compte point les germes avortés, la
» terre les cache dans ſon ſein, & ne ſe pare
» que de ceux qui portent du fruit ». Cependant, Monſieur, je n'entends pas faire l'apo-
logie des torts de M. Meſmer. Tranſplanté
trop tard dans un monde nouveau pour lui,
il heurte ſans ceſſe les uſages de la Société,
parce qu'il en eſt froiſſé à chaque inſtant. Trop
près de la Nature, il ſe voit trop ſouvent lui-
même, & ne voit pas aſſez les autres. Je lui
ai reproché les fauſſes meſures qu'il a adoptées
pour la propagation de ſa doctrine, & ne ſuis
pas prêt à me rétracter ; mais, ſi je blâme hau-
tement les écarts du Génie, lorſque l'utilité
commune ſemble le demander ; auſſi-tôt que
ce pénible office eſt rempli, je lui rends juſtice.
Eſt-il donc ſi difficile d'être impartial ?

Doctrine
de l'influence
des Aſtres.   Reprenons à préſent le fil d'un diſcours
dont je parois m'être écarté ; je conclus de
tout ce que j'ai dit, qu'il faut ſçavoir gré à
M. Meſmer, « D'avoir recherché dans une
» ſcience avilie par l'ignorance, ce qu'elle pou-

_____

(1) Aſtronomie moderne, tom. II, pag. 71 & 72.

ʃ voit avoir d'utile & de vrai. (1) » Après
bien des recherches, après bien des réflexions,
après bien des obfervations fur la doctrine de
l'influence des Aftres, M. Mefmer s'eft cru
fondé à avancer, « Qu'il exifte une influence
» mutuelle, entre les Corps céleftes, la Terre
» & les Corps animés (2) ».

De toutes les idées qui ont occupé l'efprit
de l'homme, la doctrine de l'influence des
Aftres eft celle qui a le plus tourmenté les
Savans de tous les tems & de tous les lieux.
Souvent prônée, fouvent décréditée, tantôt
reprife, tantôt abandonnée, elle a jetté en
certains tems le plus grand éclat. En d'autres,
elle eft tombée dans le plus grand mépris ; &
nous ne connoiffons pas les fiécles où vraifemblablement elle fut affez approfondie pour
être étudiée & profeffée fans préjugés. Le
moment où M. Mefmer entreprend de la re-
nouveller, n'eft pas favorable. Qui fait lire
ou écrire une miférable ligne, n'oferoit pro-
noncer fon nom avec quelque affurance. Pour
les gens qui ont l'honneur d'être imprimés,
c'eft avec le dédain & le fouris mocqueur,
qu'ils te faluent, pauvre Doctrine ! Cependant, Monfieur, il me femble que dans vos
principes & ceux de M. Mefmer, qui font de-
venus les miens, la conftante réclamation des
fiécles dit quelque chofe en fa faveur.

En effet, Monfieur, comment l'enten-
dons-nous ? Lorfque le Soleil nous éclaire, nous
vivifie, nous échauffe, nous brûle & nous

Influence
du Soleil.

(1) Mémoire fur le Magnétifme Animal, pag. ʃ & ʒ. Vol. t. II. 1.
(2) Ibid, pag. 74.

fait haleter dans les recoins les plus écartés de
nos appartemens, il me semble que ce Corps
céleste a bien quelque influence sur nous, à
moins qu'on ne donne à ce mot une significa-
tion que je n'entends pas, & qu'on ne trouve
dans aucun Dictionnaire.

Lt la Lune.   On ne peut guères recuser la grande puis-
fance de la Lune. Je sais que, dans ce siècle de
Géométrie, où tout s'explique par des calculs,
on lui a dénié son influence dans les faits,
qui, par le calcul, s'accordent le mieux avec
celui de sa marche; mais enfin on lui laisse
unanimement le pouvoir de faire baisser & de
soulever deux fois par jour les flots de l'immense Océan. Est-il donc déraisonnable de
penser que si elle a la force de remuer les
eaux jusques dans leurs plus sombres profondeurs, elle doit causer quelqu'ébranlemnt dans
l'Atmosphère, qu'elle est nécessairement obli-
gée de traverser pour arriver jusqu'à la Mer,
& avoir quelque action sur nous, chétives &
mobiles créatures, bien plus faciles à émouvoir assurément que l'Océan tout entier.

Vous nous dites, Monsieur, que, doué
du sens intime de la Géométrie, (1) Newton
a démontré, par ses profonds calculs, que
l'Attraction de la Terre sur la Lune a procuré
à cette dernière une petite bosse qui s'etend
vers nous jusques à la concurrence juste de
186 pieds. J'admets la bosse; mais à condition que, de votre côté, vous voudrez bien
admettre avec moi, que s'il existe sur une
Planète glacée, telle que vous nous repré-

(1) Astronomie moderne, tom. III, pag. 14.

                                        sentez

fentez la Lune, quelque être affez miférable
pour y pouvoir fubfifter, il doit fe reffentir
d'une Attraction auffi violente que celle dont
vous fuppofez l'exiftence; fa tête doit s'allon-
ger en raifon du tiraillement continuel qu'elle
éprouve; & c'eft beaucoup, s'il peut la con-
ferver en forme de fufeau ou de pointe d'aiguille. Si ce n'eft pas là une Influence, je ne
m'y connois pas.

Ce que nous difons du Soleil & de la Lune *Des Planètes.*
eft applicable aux Planettes. L'Aftronomie
calcule encore tous les jours les effets & les
inégalités de leurs Attractions réciproques. Or,
s'il y a Attraction entre elles, il y a néceffairement Influence entre elles. Les Anciens pen-
foient que, lorfque deux de ces Aftres réunif-
foient leurs forces contre la Terre en ligne
directe, c'eft-à-dire, lorfqu'ils étoient en
Conjonction, ils occafionnoient quelquefois
des ébranlemens confidérables fur notre Globe;
& le cas où cela peut nous être arrivé n'eft
pas bien éloigné. Lorfque Vénus & la Lune
ont dû fe trouver en Conjonction, M. de
Lalande nous a prédit que nous en ferions
quittes pour quelques brouillards & quelques
coups de tonnerre. J'ignore fi la Calabre &
les régions du Nord, ravagées à la fuite de
cette époque, ont été de fon avis.

Enfin, Monfieur, la plus éloignée des *Des Etoiles.*
Etoiles a néceffairement action fur nous, par
cela feul qu'elle nous preffe de fa Lumière.
Nous avons l'habitude de ne confidérer l'action
de la Lumière que par l'impreffion qu'elle fait
fur nos yeux; mais c'eft là une des erreurs
que diffipe la moindre réflexion. Et comment

B

un Corps actif, qui fait ses trente-trois millions de lieues en demi - quart - d'heure, n'auroit-il pas une force prodigieuse? Si nous n'en sommes pas affectés désagréablement, c'est que nous sommes entourés de pareilles forces, qui se contre-balancent, & que d'ailleurs nous avons été créés avec toutes les modifications nécessaires pour n'en être pas ébranlés. Telle est notre Nature; mais l'action physique n'en existe pas moins. Elle heurte nécessairement, plus ou moins, toutes & chacune des parties de notre corps que nous plaçons en conspect avec elle. Si nous nous transportons plus loin par le regard de la pensée, nous reconnoîtrons que toute Etoile visible est toujours apperçue de la moitié du Globe; d'où il suit que chaque point de cette vaste superficie, quelque petit que nous le supposions, est néanmoins atteint par l'action de cette Etoile; d'où il suit encore, que lorsque, nous nous trouvons en certains aspects avec des Constellations formées d'un grand nombre d'Astres, nous devons recevoir des impressions plus remarquables; & je ne serois pas éloigné de penser que c'est delà qu'Hypocrate, le judicieux Hypocrate, guidé par des observations qui nous manquent, est parti pour recommander fortement d'avoir égard, dans la pratique de la Médecine, au lever & au coucher d'Arcturus, des Pléyades & du Chien.

Nature de la lumière.

Ce seroit peut-être ici le lieu de dire quelque chose sur la nature de la Lumière. Elle n'est très-certainement qu'une modification visible de la substance invisible qui la forme, & l'Influence des Astres les uns sur les autres,

s'opère dans les ténèbres, comme par la clarté ;
mais ceci demanderoit un traité particulier
qui furpafferoit mes forces, & qui me méne-
roit fort au-delà des bornes que je me fuis
préfcrites. Néanmoins, fi je trouve, dans la
fuite de cet écrit, l'occafion de jetter quelques
idées rélatives, je m'en réferve la faculté.

On peut m'objecter que M. Mefmer ne fe
contente pas d'admettre que les Corps céleftes *Réciprocité de notre influence.*
influent fur nous. Il veut encore que notre
Influence fur eux foit réciproque ; mais cela
ne peut pas faire une queftion entre vous &
moi. Dès que les Savans de l'Europe s'accordent à reconnoître qu'il n'y a nulle-part action
fans ré-action, & que la feconde eft toujours
égale à la première, nous fommes d'accord,
quand bien même la propofition ne feroit pas
exacte.

Nous voilà donc réduits, s'il faut écouter *Aftrologie avouée par M. Bailly.*
M. Mefmer, à croire à l'Aftrologie. Pourquoi
pas, Monfieur ? C'eft bien votre avis. »L'idée
» du retour périodique des Comètes, dites-
» vous (1), s'étoit confervée chez les Chal-
» déens, comme s'eft confervé chez nous
» l'idée de l'Influence de la Lune fur les in-
» tempéries des faifons, fur les productions
» de la terre, & fur l'économie animale ;
» idée long-temps abandonnée au Peuple, &
» que les Philofophes examineront un jour.
» Croit-on que cette idée foit le fruit des
» remarques de nos ancêtres ignorans ? Non :
» nous l'avons dit, le Peuple, vain dans fon
» imbécilité, ne fe foumet point aux Aftres.

_____

(1) Aftronomie moderne, tome I, pag. 132 & 133.

B ij

» Il croit qu'ils ont été créés pour l'éclairer.
» Ces vieilles croyances font, parmi nous-
» mêmes, les débris des connoiffances an-
» ciennes. Ce font les reftes de l'Aftrologie
» naturelle, cultivée & fondée en Afie fur des
» fiècles d'obfervations. Les principes en ont été
» recueillis par les Arabes, & apportés par
» eux en Europe. Quelques-uns de nos Sa-
» vans, qui commencent à admettre l'action
» de la Lune fur l'Atmofphère, & même fur
» le corps humain, ont traité long-temps cette
» opinion comme Hyparque traita celle de la
» durée & du retour des Cometes ».

Qu'on ne me taxe pas de ne chercher qu'à
vous attribuer des opinions abfurdes; à Dieu
ne plaife, ce n'eft pas fur un homme de votre
ordre que j'aimerois à verfer aucune efpèce
de ridicule. On voit, en lifant votre Difcours
fur l'origine de l'Aftrologie (1), difcours
plein de fageffe, quoique parfemé d'erreurs,
que vous favez fort bien diftinguer l'Aftrologie naturelle, de l'Aftrologie judiciaire. La
première eft obfervation, la feconde eft fyf-
tême, ou pour mieux dire, égarement de la
raifon. L'une fe propofe de prévoir & d'an-
noncer les changemens des faifons, les pluies,
les vents, le froid, le chaud, l'abondance,
la ftérilité, les maladies, &c. au moyen de
la connoiffance des caufes qui agiffent fur la
Terre & fon Atmofphère. La tâche eft difficile.
C'eft l'ouvrage des fiècles; mais on ne blâmera
Par la Fa-   pas, fans doute, le foin que prend la Faculté
culté de Mé- de Médecine de Paris, de fe faire rapporter,
decine de Pa-
ris.

_____

(1) Aftronomie ancienne.

à certaines époques de l'année, l'état des variations, qui, pendant les mois précédens, ont agité l'Atmosphère dans les environs de la Capitale, & de le consigner sur ses registres. On blamera encore moins la suite que l'Académie de Padoue a mise dans l'observation des phases de la Lune, observation qui constate que, sur 168 nouvelles Lunes périgées, il n'y en a eu que cinq qui n'ayent pas changé la constitution du tems. Je ne doute pas que la Société Royale de Médecine n'ait aussi ses Correspondans pour savoir s'il pleut ou s'il ne pleut pas. Enfin, il n'y a pas jusqu'au Journal de Paris qui ne se fasse un devoir de nous apprendre chaque matin quel tems il a fait la veille. Ces travaux sont ingrats; mais, dans les Sciences, ainsi que dans les Arts, les manœuvres ne sont pas les moins utiles des Artistes; &, parce que vous & moi nous rendrons à leurs peines la justice qui leur est due, on ne nous soupçonnera pas vraisemblablement de croire à toutes les billevesées qui constituent les folies qu'on a désignées sous le nom d'Astrologie judiciaire, & sur laquelle il seroit inutile de s'appesantir.

Par l'Académie de Padoue.

Par la Société Royale de Médecine.

Par le Journal de Paris.

Pour des esprits justes, la raison & votre autorité devroient suffire à faire comprendre combien il importe de ne pas condamner légèrement les opinions de M. Mesmer. Mais il y a des passions dans le monde. Il en couteroit bien moins de vous confondre dans l'Anathème, que de vous entendre. D'un autre côté, je tomberois dans l'inconvénient de faire un volume énorme, si j'entreprenois de citer tous les hommages involontaires que les Ecrivains modernes, les plus eftimés, rendent chaque jour à la vérité que nous examinons. Je croirai donc avoir donné fatisfaction au Public, en lui préfentant l'un des Antagoniftes les plus rigoureux du Magnétifme Animal, au nombre des Partifans des influen-

ces de la Lune. Ce n'eft rien moins que par M. de Lalande. Il eft, comme vous, auteur d'une Aftronomie ; & c'eft dans la Préface de ce livre, que, voulant faire connoître à fes Lecteurs l'importance de la Science qu'il profeffe, il a jetté quelques regards fur fon utilité en Médécine. Le morceau eft un peu long, mais il eft précieux.

» La Météorologie, la connoiffance des » changemens de l'air, des vents, des pluies, » des féchereffes, des mouvemens du Ther- » momètre & du Baromètre, a certaine- » ment un rapport bien effentiel, & bien » immédiat avec la fanté du corps humain. » Il eft très-probable que l'Aftronomie y feroit » d'une utilité fenfible, fi l'on étoit parvenu, » à force d'obfervations, à trouver les in- » fluences Phyfiques du Soleil & de la Lune » fur l'Atmofphère & les révolutions qui en » réfultent. Hypocrate confeille l'obfervation » des levers & des couchers des Etoiles. Gal- » lien avertit les malades de ne pas fe mettre » entre les mains des Médecins qui ne con- » noiffent point le cours des Aftres, parce » que les médicamens donnés hors des tems » convenables font inutiles ou nuifibles. Je » ne doute pas qu'il ne voulut parler des prin- » cipes de l'Aftrologie judiciaire & des in- » fluences qu'on imaginoit alors d'après une

» ignorante superstition ; mais, en réduisant
» tout à sa juste valeur, il paroît que les
» Attractions qui soulèvent deux fois le jour
» les eaux de l'Océan, peuvent bien influer
» sur l'état de l'Atmosphère. On peut con-
» sulter à ce sujet M. Hoffman & M. Méad qui
» en ont parlé assez au long, & le mot *crise*
» dans l'Encyclopédie. Je voudrois que les
» Médecins consultassent au moins l'expé-
» rience à cet égard, & qu'ils examinassent si
» les crises & les paroxismes des maladies
» n'ont pas quelques correspondances avec les
» situations de la Lune, par rapport à l'Equa-
» teur, aux sisygies & aux apsides ; plusieurs
» Médecins habiles m'en ont paru persua-
» dés (1) ».

Vous voilà donc trois Savans du premier Par Hypo-crate, &c.
ordre, Vous, M. Mesmer, & M. de Lalan-
de d'accord sur un point aussi important. Mais
je ne dois pas oublier que le Commissariat
pour l'examen du Magnétisme Animal, a été
primitivement confié à des Médecins. (2) Il
leur faut des autorités prises dans leur ordre ;
mais n'est-ce pas assez de leur citer Hypocrate
qui refusoit le titre de Médecin à ceux qui
n'étoient pas versés dans l'Astronomie ou qui
la négligeoient ; Gallien qu'ils ont adoré si long-
tems, qu'ils respectent encore, & qui a fait
un traité exprès sur cette matière ; parmi les
Modernes, Bordeu, le Docteur Méad, & ses
deux Disciples Goad & Kook, qui se sont
illustrés par des recherches de cette nature ;

____

(1) Astronomie de M. de Lalande, tome I, Préface.
(2) Rapport de l'Académie & de la Faculté, pag. 1.

parmi les vivans enfin, les Médecins habiles qui ont paru perfuadés aux yeux de M. de Lalande qu'il étoit effentiel d'examiner fi les crifes & les paroxifmes des maladies, n'ont pas quelque correfpondance avec l'Equateur, les fizygies & les abfides de la Lune. C'eft pour abréger que l'énumération eft auffi courte.

D'où vient l'oppofition des Savans à cette Doétri- ne.

Plus on réfléchit à l'efpèce d'obftination avec laquelle les Phyficiens du fiécle fe refufent à l'étude de principes qu'ils avouent, plus on fe perfuade que ce n'eft pas des principes, mais des conféquences qu'ils font allarmés. Ils ont leur provifion de fcience ; ils ont l'Attraction ; & malheureufement l'Attraction, telle qu'ils la prônent, eft incompatible avec la doétrine de l'Influence des Aftres. Les Parti-fans de l'Attraction veulent, à toute force, que tout fe touche fans fe toucher aucunement. Ceux de la doétrine de l'Influence des Aftres, prétendent, que, pour que les Corps fe tou-chent, il faut qu'ils fe touchent réellement, foit immédiatement, foit par l'interpofition d'un intermédiaire quelconque. On ne peut, en apparence, être plus éloignés les uns des autres, & cependant fi l'on vouloit s'enten-dre, il eft poffible qu'on fe rapprochât beau-coup plus qu'on ne penfe. Autant qu'il m'eft permis d'appercevoir les conféquences des fyftêmes Phyfiques de M. Mefmer, il me femble que fes idées peuvent donner une grande extenfion à la Science, fans lui faire perdre autre chofe que quelques mots, & quelques réfultats trop hazardés. En attendant qu'on s'accorde, voyons ce qu'eft cette terrible

Attraction qu'on n'ose attaquer. Et vous, Lecteur, ne vous effrayez pas du mot ; je ne suis pas savant ; je n'ai que du sens commun ; vous en avez aussi : nous nous entendrons.

L'Attraction est une vertu occulte, une propriété inhérente, on ne sait comment, à la Matière, en vertu de laquelle les Corps s'attirent réciproquement. Considérée relativement à la Terre, ce n'est que la Pesanteur. En d'autres termes, c'est la tendance des Corps de la superficie au centre du globe. Relativement aux Corps célestes, c'est la loi par laquelle ils s'affectent réciproquement en *pesant* les uns sur les autres.

Cela bien entendu, il faut sçavoir qu'on est d'accord sur le fonds. Tout le monde convient que les corps célestes s'affectent mutuellement. Il n'y a de difficulté que dans le mot *peser*, & il faut convenir qu'il présente d'étranges conséquences. Par exemple, « Newton » a trouvé, (1) » par des principes démontrés, » par des calculs rigoureux, qu'un Corps, qui, » placé à une distance de la Terre, peseroit » une livre, porté à la même distance du centre » du soleil, peseroit 307,831 livres. » Vous en croirez, Lecteur, ce qu'il vous plaira ; moi, je n'en crois rien.

Si le mot *peser* est embarrassant, l'explication qu'on en donne est bien autrement inintelligible. Chaque partie de Matière, est, dit-on, douée par la volonté du Créateur, d'une faculté attractive en raison de sa masse. Or, il est évident que lorsque la Matière est ré-

Attraction.

Pesanteur.

_____

(1) Astronomie moderne, tom. II, pag. 495.

duite en parties aussi petites qu'il est possible
de l'imaginer, toutes ces parties deviennent
égales, & ont conséquemment la même masse,
la même force d'Attraction. A présent repré-
sentez-vous toutes ces parties, chacune tiraill-
lant ses voisines, & étant tiraillées par elles
de tous côtés ; & vous concevrez, si vous pou-
vez, que de tous ces mouvemens contraires,
il doit résulter une tendance générale & uniforme vers le même but.

Pour vous faire concevoir la chose par une
comparaison grossière, supposez-vous un moment
allant de Paris à Versailles. L'usage commun
est de prendre une voiture attelée de chevaux
qui tirent également, & de leur mieux, vers
le séjour de nos Rois. Mauvais usage, qui
contredit visiblement toutes les loix de l'Attraction. Pour bien faire, il faut atteler, autour de la voiture, des chevaux qui tirent
tous bien également chacun de leur côté. Si
vous ne bougez de place, que ce ne soit pas
une raison pour vous allarmer. Vous n'en ar-
riverez que plus sûrement & plus vîte ; car,
c'est ainsi que va le Monde, depuis que la
Géométrie se mêle exclusivement de le faire
marcher.

« Eclairé par un profond travail sur la ré-
» sistance des milieux, & sur les mouvemens
» qui s'y exécutent, Newton a établi que les
» Planettes se mouvoient dans le Vuide. » (1)
Or, Lecteur, il faut sçavoir que c'est précisément la supposition du vuide qui entraîne
rigoureusement la conséquence, que, dans la

_____

(1) Astronomie moderne, tom. II, pag. 501.

Nature, aucun Corps ne se touche ; & c'est assurément une belle chose que de se toucher sans se toucher. Enigme, qui n'iroit pas mal dans le Mercure, à côté du Logogryphe.

Voltaire, avec le ton d'assurance qui lui appartenoit, ne m'a-t-il pas persuadé pendant quelques tems, qu'on faisoit dire à Newton ce qu'il n'avoit pas dit : qu'il avoit seulement avancé que les Corps célestes se mouvoient dans des espaces sans résistance sensible ; je n'ai plus cru Voltaire quand j'ai eu connoissance de cette phrase de Newton. *Omninò necesse est ut spatia celestia sint vacua omni materiâ* : ce qui veut dire en bon François. *Il est tout à fait nécessaire que les espaces célestes soient vuides de toute matière ;* & ce n'est pas ici une phrase échappée sans réflexion ; « car » si l'on rapprochoit, dit encore Newton, » toute la Matière qui existe dans l'Univers, » en excluant le Vuide qui en sépare les par- » ties, on n'est pas bien assuré qu'elle occupât » un pouce d'étendue ». Quand un principe conduit rigoureusement à des conséquences aussi déraisonnables, que dire du principe ? Ne seroit-il pas mieux de l'abandonner, ainsi que Newton en a témoigné l'envie plusieurs fois.

Et, lorsque, pour nous expliquer ce qui est inexplicable, Bouguer vient nous calculer que la Lumière de la Lune est trois-cens mille fois plus poreuse que celle du Soleil, & peut conséquemment être renfermée dans un espace trois-cent mille fois moindre, fait-il autre chose que d'ajouter des zéros à des zéros ? N'est - ce pas un abus sensible de mots que de donner

des Pores à la Lumière ? Les Pores ne font que
les interſtices qui ſéparent des parties de matière ſolide ou en repos ? Ainſi je conçois
fort bien que la table ſur laquelle j'écris,
compoſée de Matière ſolide, ou en repos,
préſente des interſtices entre les parties qui la
compoſent. Mais je ne puis concevoir des interſtices entre les parties d'une Matière fluide,
& dans un mouvement auſſi rapide que la Lumière. Ses particules ſe chaſſent & ſe ſuccè-
dent mutuellement avec une rapidité ſi pro-
digieuſe, que l'imagination la plus ardente
ne ſauroit ſe faire aucune idée d'une interſti-
ce entre elles ; & en Phyſique, c'eſt ſe moc-
quer de ſon Lecteur, que de lui donner pour
des raiſons des explications inconcevables.

Et, lorſque le Père Boſcovich, en partant
du principe que la Lumière qui eſt autour du
Soleil, ſe renouvelle à une diſtance de trente-
trois millions de lieues, environ à chaque
demi-quart-d'heure, dit, que ſi l'on réuniſſoit
cette Lumière ainſi renouvellée pendant un million d'années, cette effrayante multitude de
parties lumineuſes, rapprochées par la ſeule
diminution des Pores, & ſans aucune compen-
ſation, occuperoit un million de million moins
de fois d'eſpace qu'un grain de ſable ordinaire, ne ſont-ce pas la de purs amuſemens de
l'eſprit ? La ſavante doctrine, Lecteur, que
celle du vuide ! La ſavante image que celle
d'un grain de ſable, un million de million
de fois plus petit, qu'un grain de celui avec
lequel on lave notre vaiſſelle !

Queue des
Comètes.

On eſt vraiment étonné quand on ſonge
juſqu'où peut ſe laiſſer entraîner un homme

de fens, quand il a un faux fystême en tête.
S'il fût jamais quelqu'un de fage & de cir-
confpect dans les fciences, ce fut Newton.
Cependant comment s'y prend-il pour trouver dans la queue des Comètes une preuve
que l'efpace eft fans réfiftance ? Un enfant de
douze ans, pourvû que fon efprit fut affez cul-
tivé pour comprendre les diftances, l'arrêteroit
dans fa marche. Newton prétend que les Comètes, paffant près du Soleil, s'y échauffent
de manière que celle de 1680, éprouva,
calcul fait, une petite chaleur qui furpaffoit
feulement deux mille fois celle d'un fer rouge.
On penfe bien que les parties humides ne
manquèrent pas de s'évaporer en fumée effroya-
ble; & cette fumée étoit la queue de la Co-
mète. Quand on voit des gens raifonnables
nous répéter avec emphafe de pareils badina-
ges, eft-ce donc fortir des bornes, que de
leur mettre en tête un enfant de douze ans.
Voici mon colloque avec lui.

Mon petit ami, quand vous regardez en
face un Soleil radieux, ne vous éblouit - il
pas ? — Oui, Monfieur. — Quand un nuage
épais paffe entre lui & vous, n'eft-il pas vrai
que vous ne voyez plus le Soleil ? — Oui,
Monfieur. — Concevez-vous, que fi ce nuage
étoit extrêmement loin de vous, par exemple, à trente millions de lieues, vous ne l'ap-
percevriez pas. — Oui, Monfieur. — Mais,
fi vous l'apperceviez à cette diftance, ne fau-
droit-il pas qu'il fût affez épais, pour vous
cacher encore la Lumière du Soleil ? — Oui,
Monfieur. — Mais, fi au lieu d'un nuage c'é-
toit une fumée affez confidérable, pour être

apperçue d'ici, ne feroit-elle pas le même effet. — Oui, Monſieur. — Ainſi donc une fumée aſſez épaiſſe pour être vue diſtinctement de la Terre, vous empêcheroit de voir les Etoiles plus éloignées ? — Oui, Monſieur. — Et ſi vous voyiez les Etoiles à travers la fumée, n'eſt-il pas certain, que la fumée ne feroit pas aſſez épaiſſe pour être apperçue de trente millions de lieues. — Oui, Monſieur. — En ſorte que, ſi je vous diſois que la queue des Comètes eſt de la fumée aſſez épaiſſe pour frapper vos yeux, & en mêmetems aſſez légère pour laiſſer appercevoir, à travers ſon opacité, de ſimples lueurs telles que celles des Etoiles, vous croiriez que je cherche à vous tromper ? — Oui, Monſieur. — Mais, ſi je vous diſois, pour vous prouver la poſſibilité de la choſe, que ſi vous voyez les Etoiles à travers la fumée, c'eſt perce qu'elle eſt éclairée par le ſoleil, vous penſeriez, ſans doute, que c'eſt un moyen de plus pour voir les Etoiles tout comme en plein midi ? — Oui, Monſieur. — Et, ſi j'ajoutois que c'eſt l'effet de la réfraction & de la ſubtilité du fluide, que répondriez-vous. — Que je ne vous comprends pas, Monſieur.

Réſiſtance de l'eſpace. Telle eſt la baſe d'une des preuves que les Corps céleſtes ſe meuvent dans des eſpaces libres de réſiſtance ſenſible ; prétention, on ne ſauroit trop le répéter, contradictoire avec le ſyſtème Newtonien lui-même.

Newton poſe en principe, que le Soleil eſt de feu ; que cet Aſtre eſt placé à trente-trois millions de lieues de la Terre ; qu'il nous envoye ſes flammes que nous appellons Lumière, en un demi-quart-d'heure; que ces mêmes flammes parcourent, avec une vitesse proportionnée, trois-cens millions de lieues pour atteindre Saturne, puis trois-cent autres millions de lieues pour rejaillir de Saturne jusques à nous, & enfin je ne sais combien d'autres millions de lieues peur aller de nous, je ne sais où. On convient, & il seroit effectivement difficile de ne pas en convenir, qu'une vitesse aussi excessive donne à la Lumière une élasticité, ou une force excessive. Or je demande comment des Astres qui naviguent dans des espaces pleins de Lumière, & où ils ont conséquemment à lutter contre une résistance excessive, peuvent être supposés se mouvoir dans des espaces sans résistance? En vérité, Lecteur, il me semble que, même à votre avis, on peut se livrer sans crime à la recherche de principes qui soient un peu plus d'accord avec leurs conséquences.

De tous les rôles extraordinaires qu'on fait jouer aux Astres dans l'Attraction, celui du Soleil n'est pas le moins bizarre. Il faut se représenter une masse de Matière douze-cent mille fois plus grosse que toute la Terre, & sur-tout, se la représenter, dans un embrâsement & une agitation qui pénétrent, font bouillonner, & tourbillonner ses épouvantables profondeurs, depuis le commencement des siècles. Ses moindres charbons enflammés sont plus gros que les Monts Riphées, réunies aux Alpes & aux Pyrénées. Au beau milieu de tout cela est le Centre; ce qui n'est pas douteux. Ce Centre est doué de la force

Attraction du Soleil & des Centres.

que l'on nomme Attraction, & cette Attraction, venue-là, je ne sais comment, retient
les masses les plus effroyables, sans se donner
la moindre peine. Il s'en faut bien que ce soit
tout. Le Centre, doué de la faculté d'attirer
tout, a aussi la faculté de repousser tout : ce
qu'on appelle la force *Centrifuge* ; & c'est fort
heureux, car, sans cela, nous n'y verrions
goutte. C'est, sans doute, à la force Centrifuge, que nous devons l'adresse avec laquelle
le Soleil se défait en notre faveur de ses plus
petites particules, qui, poussées vers nous en
rayons, forment la Lumière ; en sorte que le
pouvoir attractif, ce pouvoir si formidable,
a bien la puissance de ramener à lui les masses
les plus énormes, mais il n'a pas celle de re-
tenir les plus légères : image imparfaite d'un
homme qui s'amuseroit à pelotter avec les
mains des boulets de cent livres de balle, &
qui néanmoins n'auroit pas la force de soulever un brin de paille. Cependant qu'est - ce
qu'un Centre? C'est un point indivisible, un
point Mathématique, comme on dit, en
un mot, un point imaginaire. Lui attribuer
une force qui souleve les Mondes, comme un
grand levier, & les conduise, pour ainsi dire, à la baguette, c'est ce qu'un Newtonien
seul peut comprendre. Pour moi, j'avoue
mon insuffisance, & j'aime beaucoup mieux
m'en tenir à des idées plus simples. En effet,
si je ne conçois pas qu'un Centre, un point
imaginaire, puisse avoir par lui - même aucune activité, je conçois fort bien, ou du
moins je crois concevoir, qu'il peut être le
point de réunion de plusieurs forces. Ainsi,
lorsqu'un

lorfqu'un Corps eft preffé par des forces extérieures, telles qu'un Fluide quelconque, ces
forces ne peuvent y entrer & en pénétrer les
interftices, qu'en fe divifant en rayons ou
filières, qui, fe preffant latéralement dans
leur marche, aboutiffent infailliblement au
Centre. Là, fe balançant réciproquement, fe
croifant ou fe contrariant, elles font obli-
gées, pour devenir quelque chofe, de fe détourner, de fe réfléchir, & de reffortir avec
vivacité par la circonférence; d'où naiffent une
explication très-fatisfaifante de la force Centrifuge, & cet axiome de M. Mefmer, déjà
connu dans quelques livres, & qui mieux cul-
tivé, deviendra vraifemblablement une grande
clef des Sciences. » Les filières du Fluide,
» dit-il (1), en entrant dans un Corps, font
» convergentes; en fortant, elles font diver-
» gentes ». Enfin, pour appliquer à ces principes un exemple fameux dans le moment
actuel, je dis que je conçois fort bien, ou du
moins, je crois concevoir que, lorfque des
perfonnes font affifes en nombre fuffifant autour d'un *Baquet* Magnétique, le Fluide qui
s'échappe de leurs Corps en rayons ou filières,
doit néceffairement arriver au centre du Baquet, y prendre une nouvelle activité, delà
retourner vers la circonférence, & pénétrer

(1) Je cite ici & citerai ailleurs les Cahiers de M. Mefmer, tels qu'ils ont été donnés à quelques-uns de fes Elèves. Comment me font-ils parvenus à moi, qui ne fuis pas un *Elève?* Je ne le dirai pas en ce moment. Quoiqu'il en foit, ces Cahiers font très-informes : ce qui devoit être néceffairement, puifque celui qui avoit penfé la Doctrine ne l'a pas écrite, & que celui qui l'a écrite ne l'avoit pas affez penfée.

C

vivement à fa fortie les nouveaux Corps qu'il
rencontre.

Infuffifance de l'Attrac-tion. Mais que penfer enfin de cette fameufe
Loi d'Attraction, cette Science des caufes, Loi
qui a dévoilé le méchanifme de l'Univers ;
Loi qui a débrouillé le Chaos, qui a féparé la
Lumière des ténébres, dont le Livre renferme
tout ce qu'on doit croire; Loi qui conftitue la
foi aftronomique ; Loi la plus univerfelle de
la Nature (1)? Elle affimile tout, dit-on; elle
explique tout. Cependant elle n'explique aucune de nos fenfations, aucun de nos mouvemens : elle n'explique pas comment les particules d'Eau, qui tendent toujours à fe rapprocher, tendent en même tems à fe féparer.
Elle n'explique pas comment le Feu, cet agent
qui joue un fi grand rôle dans le Monde, ne
tend qu'à s'écarter : elle n'explique pas comment l'Air preffe & s'échappe en tout fens;
elle n'explique la marche d'aucun Fluide, ni

(1) Ces expreffions forcées font très-communes dans M. Bailly ;
elles font même très-fatigantes dans fes deux premiers volumes de
l'Aftronomie moderne. Le Soleil y eft toujours un *Roi*, un *Tiran ;*
les Planettes, *des Sujets ;* leurs Sphères, *des Empires*, des *Provinces*, des *Domaines*, &c. Quand j'arrivai à la lecture de l'article de Newton, la continuité de ces défauts fuperficiels me
força de la fufpendre. Je les attribuai à ce que, par circonftance, le livre avoit été rédigé trop à la hâte. Il paroît que
M. Bailly a befoin de battre fon ftyle à froid ; & tant mieux, car
c'eft le meilleur. Comme il a un fort bon efprit, la critique lui
a été utile. Son troifième volume eft plus châtié. Cependant on y
trouve encore Newton comparé à Alexandre, & Chef d'une famille
noble, dont MM. d'Alembert, Euler, &c. font auffi les branches nobles. Mais il n'y a plus de traces de ce goût dans le
Rapport fur le Magnétifme Animal. Le ftyle en eft vraiment pur.
Au furplus, fi je critique févèrement M. Bailly, c'eft que je l'eftime
fincèrement. Le tems n'eft peut-être pas éloigné, où il fera, parmi
nous, le feul Ecrivain de fon ordre. Alors fes défauts pourroient
être donnés pour modèles, & il ne feroit plus tems de les faire
remarquer.

même, suivant M. Bailli (1), les Attractions Magnétiques & Electriques, encore moins leurs mouvemens d'Impulsion, mouvemens aussi naturels dans ces phénomènes que ceux d'Attraction. Il seroit bien plus court de dire ce dont elle rend raison, que ce dont elle n'en rend pas. Et la chose est simple : l'Attraction, si elle existe réellement, existe, non comme principe universel, mais comme cause secondaire. (2) Quelque grands que soient les phénomènes qui en dérivent, ce ne sont néanmoins que de légères branches du grand Arbre de la Nature; & c'est parce que l'on a pris ces branches pour la tige, que l'on est tombé dans les erreurs qu'un système, à peine ébauché, devoit nécessairement produire.

Je me crois donc bien habile, me dira-t-on, *Si j'ai droit* puisque je prétends en sçavoir plus que Newton *d'avoir un* & les Hommes d'un rare mérite qui lui ont *avis en pa-* succédé, & qui, en adoptant ses idées, ont *reille matière.* cherché à les accroître, à les embellir de toute la fertilité, de toute la beauté de leur génie? Point du tout : je remarque les fautes de grands joueurs, quoique je n'aie assurément pas la capacité de jouer comme eux. Et, si mon Lecteur ne croyoit pas à la simplicité d'un aveu, qui n'a seulement pas le mérite de la modestie, je m'appuyerois, à mon ordinaire, du sentiment de M. Bailli (3) : « La Cure de

---

(1) Astronomie moderne, tom. II, pag. 488.
(2) Je m'exprime ainsi parce que M. Mesmer, établissant une différence entre la *Gravité* & l'*Attraction*, pose en principe qu'il n'y a dans le monde que des Attractions apparentes : ce qui demande explication avant d'être adopté.
(3) Astronomie moderne, tom. I, pag. v. & vj.

C ij

» l'Hiſtoire des Sciences, dit-il, ne demande
» pas que l'on ſoit ſçavant. Les idées ſe ſont
» ſucceſſivement amaſſées, mutuellement en-
» gendrées; l'une a conduit à l'autre. Il ne
» s'agit donc que de retrouver cette ſucceſſion,
» *de commencer par les idées premières.* L'in-
» dividu doit marcher, dans ſa lecture de
» quelques heures, comme l'Eſpèce a marché
» dans une longue ſuite de ſiécles ». En effet
il ne faut, pour comprendre tout cela, que du
ſens-commun, & une légère inſtruction : d'ailleurs je ne puis guère m'égarer; Newton lui-
même eſt de mon avis, comme je le dirai tout-
à-l'heure.

Newtoniens. Newton ſentoit la foibleſſe de ſes principes,
& l'avouoit; mais ſes partiſans, de quelque
mérite qu'ils ſoient pourvus d'ailleurs, n'imi-
tent point ſa retenue. Les motifs en ſont aiſés
à ſaiſir. On ne lit pas Newton : on l'étudie ;
&, quand on l'a compris, on eſt déja très-
profond. On a une réputation de ſçavoir, qu'on
ne veut pas compromettre. Il en eſt de la
ſcience comme de la richeſſe, que trop ſouvent on cherche à accumuler, à tout prix,
jamais à diminuer. On eſt ſçavant; on ne veut
pas redevenir écolier; & il eſt bien plus aiſé
de s'irriter contre les autres, ou de les dédai-
gner, que de ſe juger ſévèrement ſoi-même,
que de ſe dépouiller, de ſe remettre à l'étude,
dût-on y acquérir infiniment par la ſuite. A la
vérité, quelques débutans dans les Sciences
voudroient bien ébranler le ſyſtème dominant;
mais il ne leur eſt pas aiſé de ſe faire écouter,
& même il faut quelque courage pour l'entre-
prendre. Les moyens de parvenir dans les

Sciences ne font plus libres. Les Newtoniens tiennent le haut rang dans toute l'Europe fçavante : heurter l'opinion commune, c'eft bleffer l'amour-propre de chacun en particulier; & tout homme qui vife, dans les Sciences, à quelque réputation ou à quelque fortune, doit néceffairement fuivre la route tracée. Il n'y a que des perfonnes dégagées, comme moi, de toutes ces fujétions, qui puiffent impunément élever la voix; & long-tems, ce fera bien inutilement.

Mais, Newton, Newton lui-même, ne fe repaiffoit-il donc que de chimères ? Je fuis bien-loin de cette penfée. Si l'enthoufiafme a trop célébré Newton, cet enthoufiafme portoit avec lui fon excufe. Je ne fuis affurément pas en état de fuivre cet Auteur dans fes étonnantes fpéculations; mais il fuffit, pour l'admirer, du fimple fommaire des difficultés qu'il n'a pas craint de fe propofer, qu'il a entrepris de réfoudre, & qu'en général il a effectivement réfolues. Il fuffit, pour l'aimer, de voir avec quel fentiment de fa propre infuffifance, quel refpect pour la grandeur de la Nature, quelle modération & quelle douceur, il hazardoit les propofitions qui lui avoient coûté le plus de travaux & de tems ! Si fon génie étoit tout en profondeur, fon caractère étoit tout en modeftie. Celui, d'après qui l'on tranche fi aifément aujourd'hui, n'étoit que méfiance de lui-même. Comment n'aimer pas un homme qui, au tems même où fa Nation, dit M. Bailli, lui rendoit une efpece de culte, qui, jufques dans fon extrême vieilleffe, ne ceffoit de fe plaindre, dans le

Caractère & Génie de Newton.

C iij

fein de l'Amitié, qu'on l'élevoit trop haut ; confeffoit n'avoir pas affez étendu fes vues, & craignoit qu'on ne bornât les connoiffances humaines en s'attachant trop littéralement à lui ? Auffi la marche des erreurs de Newton eft-elle affez curieufe.

Son oppofi- tion à Def- cartes. On fçait que Newton connut fon génie en lifant Defcartes (1) : il y apperçut aifément des erreurs ; mais , fe trompant lui-même , dès les premiers pas, il ne fongea pas affez que la vérité eft prefque toujours dans un jufte milieu , & non dans les extrêmes; &, dès ce moment jufqu'au terme de fes travaux, tous fes calculs pofèrent fur des bafes diamétrale- ment oppofées aux opinions de Defcartes. Ainfi , Defcartes ayant donné l'Impulfion pour le premier mobile du méchanifme de l'Univers, Newton adopta l'Attraction. Def- cartes regardoit le Mouvement comme une fubftance diftincte de la Matière ; Newton en fit une de fes propriétés. Defcartes faifoit tout dépendre des Formes ; Newton des Maffes. Defcartes reconnoiffoit, fous le nom de Ma- tière fubtile , un Fluide qui fait tomber les Graves & circuler les Planettes ; Newton attri- bua ces effets à une force inconnue qui agiffoit à travers les plus grands intervalles, fans au- cun intermédiaire. Defcartes vouloit que tout fut plein ; Newton que tout fut vuide. Def- cartes partoit d'un premier principe indubi- table , & cherchoit à compofer les Elémens, en defcendant de conféquences en confé- quences ; Newton s'attacha à décompofer les

_____

(1) Aftronomie moderne , tom. II , pag. 472.

Elémens, & à remonter des conséquences aux caufes premières. Defcartes croyoit la Lumière inftantanée, & la compofa de globules, en efpece de chapelet, dont la dernière frappe notre œil, en fe détachant par la preffion du Soleil; Newton calcula fa marche; &, fe décidant pour fon émiffion, il la fit lancer en rayons de cet Aftre, à nous. Defcartes fe défioit des illufions de la Géométrie, & la quitta fouvent ; Newton ne reconnut de certitude que dans la Géométrie, & ne s'en départit jamais. Enfin l'on vante encore aujourd'hui Defcartes, pour avoir joint l'Algèbre à la Géométrie; Newton, jufqu'à la fin de fes jours (1), déplora l'ufage d'employer les calculs algébriques dans des fujets de pure Géométrie. Tout autre que Newton feroit foupçonné d'une baffe jaloufie. Ce feroit mal juger ce grand homme : fon ame étoit fi pure ! Mais quelles ne font pas dans le Monde les fuites d'une première erreur ! Newton en fit une à l'âge de vingt - quatre ans ; &, tout Newton qu'il étoit, il ne s'en releva jamais.

Il en avoit coûté à Defcartes plus de la moitié de fa vie, pour établir des principes qui le fatisfiffent. On voit que ceux de Newton ne lui ont pas coûté la même peine : auffi n'en fût-il jamais bien content. Il a varié fouvent ; &, comme l'obferve M. d'Alembert, (*Article Matière*, dans *l'Encyclopédie*) il ne s'eft jamais expliqué bien franchement fur fon Attraction & fon Vuide. Entraîné par les conféquences de fes calculs, on le voit quelquefois ne plus

Ses incerti-tudes.

___

(1) Pemberton, Préface.

douter de ses principes ; & c'est sans doute
dans un de ces momens d'enthousiasme qu'il
s'est écrié : *Omninò necesse est ut spatia cœlestia
sint vacua omni materiâ :* « Il est tout-à-fait
» nécessaire que les espaces célestes soient
» vuides de toute Matière ». D'autres fois, ne
considérant plus que ces mêmes principes, &
quelques-uns des résultats bizares auxquels il
s'étoit laissé aller , il regrettoit la Matière
subtile, le Fluide universel de Descartes : alors
il croyoit qu'un Fluide seul pouvoit expliquer
la Nature , & que l'Attraction elle-même, ou,
pour se servir d'un terme moins impropre , la
Gravité n'étoit qu'une séquence de cette substance première.

Ne pourroit-on pas assimiler la conduite de
Newton à celle d'un Avocat honnête , qui
soutient une mauvaise cause ? Je causois un
jour avec un Homme célébre dans cet Ordre ;
la conversation me conduisit à lui demander
la solution de ce problème : Comment un
honnête homme peut-il soutenir une cause
injuste contre le sentiment de sa propre con-
science ? « Rien en apparence, me répondit-il,
» n'est plus choquant , & malheureusement
» rien n'est plus dans la Nature. Un Plaideur
» nous présente une cause que nous rejettons,
» au premier abord, comme injuste ; mais,
» s'il nous presse de l'examiner avec plus
» d'attention , ce qui est de droit ; si nous
» écrivons quelques lignes, si nous discutons
» quelques raisons en sa faveur, eh ! qui n'en
» a pas ? alors nous-nous attachons à la série
» de nos idées ; ce n'est plus la cause du
» Plaideur que nous voyons ; c'est celle de

» notre ouvrage, c'eſt celle de notre amour-
» propre. Il nous aveugle au point que, de
» la meilleure-foi du monde, nous finiſſons
» par croire ce que nous diſons : le tout nous
» paroît ſans replique. Je ne vous dirai pas
» ſi j'ai défendu, gagné ou perdu de pareilles
» cauſes ; mais, ce que je puis vous aſſurer,
» au cas que cela me ſoit arrivé, c'eſt que,
» perte ou gain, j'ai blâmé ou loué mes Juges
» d'auſſi bonne-foi que j'en avois agi. Le tems
» & le réfroidiſſement de mon Imagination
» ont pu ſeuls me déſabuſer, malheureuſe-
» ment lorſque le retour ſur moi-même avoit
» perdu ſa plus grande utilité. »

N'eſt-ce pas de même que Newton, l'eſprit réfroidi, en l'abſence, pour ainſi dire, de ſa Géométrie, revenoit aux vrais principes, à ceux de Deſcartes, à un Fluide univerſel, Fluide, ainſi qu'il l'exprime lui-même (1), dont l'Attraction ne doit être qu'un effet, Fluide, qui non-ſeulement environne les Corps dans tous les eſpaces de l'Univers, mais qui les pénétre & ſe cache dans leur ſubſtance. Laiſſons-le parler lui-même, ainſi que l'a fait M. Bailly : « C'eſt par la force & l'action de » cet Eſprit, que les particules des Corps s'at- » tirent mutuellement aux plus petites di- » ſtances, & qu'elles cohèrent lorſqu'elles » ſont contiguës ; c'eſt par lui que les Corps » Electriques agiſſent à de plus grandes di- » ſtances, tant pour attirer que pour repouſſer » les corpuſcules voiſins ; & c'eſt encore par » lui que la Lumière émane, ſe réfléchit, s'in-

Avoue un Fluide univer-ſel.

_____

(1) Aſtronomie moderne, tom. II, pag. 557.

» fléchit, se réfracte & échauffe les Corps.
» Toutes les senfations font excitées, & les
» membres des Animaux font mus, quand
» leur volonté l'ordonne, par les vibrations
» de cette substance spiritueuse qui se propage
» des organes extérieurs des sens par les filets
» solides des nerfs, jusqu'au cerveau, & en-
» suite du cerveau dans les muscles. Mais
» ces choses ne peuvent s'expliquer en peu
» de mots : on n'a pas fait encore un nombre
» suffisant d'expériences, pour pouvoir déter-
» miner exactement les loix felon lesquelles
» agit cet Esprit univerfel (1). »

Ce passage si formel, Monsieur, car je re-
viens à vous, ce passage se trouve à la fin du
Livre *des Principes* de Newton, & je le prens
dans vos Ouvrages. Mais le Docteur Pemberton, qui a beaucoup connu Newton sur la
fin de sa vie, qui a fait, sous ses yeux, un
Traité de sa Doctrine, & qui, sous sa direction, a revu l'édition de son Livre *des Principes*, Pemberton ajoute encore à la force de
ce passage (2). Il rappelle que Newton confirme
expressément cette façon de penser dans son
Optique, ouvrage qui lui a coûté trente années
d'expériences, & qui n'a été imprimé que dix-
sept ans après le premier. Suivant Pemberton,
Newton a déclaré qu'en employant le terme
d'Attraction, il n'a jamais entendu donner une
explication philosophique des Phénomènes
relatifs, mais seulement indiquer une puissance
dans la Nature qu'on n'avoit pas encore di-

(1) Astronomie moderne, tom. II, pag. 557.
(2) Pemberton, pag. 494 & 495.

ftinctement obfervée, & qui méritoit qu'on
recherchât avec foin fa nature & fa manière
d'agir. *Croire avoir expliqué des Phénomènes,*
dit Pemberton, *en affirmant, d'une façon géné-*
rale, que ce font des effets de l'Attraction, ce
n'eſt pas étendre nos connoiſſances en Philoſophie,
mais plutôt les borner pour toujours.

Après ce dernier paſſage, que vous con- Oppofition
noiſſez très-bien, Monſieur, puiſque vous citez de M. Bailly.
Pemberton, & que d'ailleurs ce même aveu
fe trouve dans vos écrits, ou eſt aſſez étonné
de vous entendre dire (1) que, « Si l'on ra-
» menoit le Phénomène *obſcur* de l'Attraction
» au phénomène *fenſible* de l'Impulſion, on
» n'en feroit pas plus avancé. » Pour appuyer
une allégation auſſi gratuite, vous faites l'é-
numération des difficultés qu'on y rencontre-
roit. Eh! Monſieur, ce font ces difficultés
qu'il faut eſſayer de vaincre; & toutes les fois
qu'il fe préſente devant nous une vérité qu'il
eſt permis d'examiner, le devoir des Sçavans
eſt de la chercher.

Pourrois-je, vous demander de quel droit, Défenfes de
& d'après quelle autorité, vous prétendez Newton con-
tre M. Bailly.
(2) que Newton ne s'eſt autant avancé que
pour fe proportionner aux idées de fon fiécle,
& que par complaifance pour des efprits timi-
des? De grâce n'otons pas à Newton fa modeftie, fa franchiſe, & fon amour pour la vérité.
Ce font les plus belles portions de fa gloire.

Non, Monſieur, non; Newton n'a pas agi
par complaifance. Il fentoit que fes principes

---

(1) Aſtronomie moderne, tom. II, pag. 558.
(2) Ibid, pag. 556 & 558.

étoient infuffifants, & il l'a avoué avec une candeur qui lui étoit naturelle. Il nous a indiqué le but de nos recherches, en nous montrant du bout du doigt le Fluide univerſel de Deſcartes, & de quelques Anciens; mais, deſirant qu'on s'appuyât ſur des expériences qui n'étoient pas encore affez connues, il a tout bonnement avoué qu'il n'en ſavoit pas affez. Les idées de ſon ſiécle n'étoient plus en Angleterre que les ſiennes, quand il s'eſt exprimé ainſi dans ſon Livre d'Optique (1). A la vérité, Deſcartes avoit encore beaucoup de partiſans en France, mais les idées Cartéſiennes n'ont jamais dominé en Angleterre. Deſcartes étoit François. Une Nation rivale & jalouſe rejettoit ſa doctrine, comme elle s'eſt défendue de la réforme du Calendrier, parce que c'étoit l'ouvrage d'un Pape. Quoiqu'il en ſoit, voilà Deſcartes, Newton, Pemberton, & j'oſe le croire, vous-même, Monſieur, d'accord avec M. Meſmer ſur la poſſibilité, & preſque ſur la néceſſité, d'un Fluide univerſel & moteur Phyſique de l'Univers.

Principes de M. Meſmer comparés à ceux de Deſcartes & Newton.

J'ai ſouvent rapproché les idées de Deſcartes & de Newton. Entre ces deux grands Hommes, plaçons M. Meſmer : Voyons s'il ſoutiendra la comparaiſon.

Impulſion & Attraction.

(2) Au fonds, ſa théorie eſt un ſyſtème d'Impulſion; mais l'Attraction ou, du moins, la Gravité, étant au premier rang des principes ſecondaires qui dérivent des ſiens, il ſe ſert,

_____

(1) En 1704.
(2) Ce qui ſuit eſt tiré des Cahiers de M. Meſmer. Quelques rapprochemens ſeuls m'appartiennent; &, s'ils gâtent quelque choſe, la faute en ſera à moi.

pour faire appercevoir le vrai point de la question, d'une de ces comparaisons qui lui sont si familières. Supposez, dit-il, un bateau qui descende de Paris à Saint-Cloud. Supposez, en même-tems des Spectateurs qui ne connoîtroient pas un Phénomène aussi commun, & placez-les de manière qu'ils n'apperçoivent que le mât, & non le corps du bateau, ou la rivière. Voilà, dira le Partisan de l'Attraction, un mât que Saint-Cloud attire à lui. Point du tout, répondra le Partisan de l'Impulsion, c'est Paris qui le pousse. Tous deux seront également dans l'erreur ; & celui qui le premier connoîtra le courant de l'eau, donnera la véritable explication. De même, la marche des Corps célestes, ne peut être expliquée qu'en s'attachant à bien connoître celle du Fluide dans lequel ils sont entraînés.

Newton dit que le Mouvement est une propriété, un mode de la Matière ; Descartes en avoit fait une substance distincte, dont il existe dans l'Univers une somme déterminée & constante, qui n'augmente, ni ne diminue. M. Mesmer pense comme le dernier ; mais il ajoute que le Mouvement n'a pas été donné tout à la fois ; qu'il a été inégalement réparti, & qu'il est très-varié.

Ce n'est pas qu'il s'embarrasse de sçavoir qui des deux a été créé le premier ou le dernier ; mais il observe que, si la Matière avoit été créée avant le Mouvement, elle auroit été nécessairement un solide parfait, une masse en repos, puisqu'elle auroit été sans mouvement.

La Matière n'a pu être mue tout à la fois, car, alors, ses parties conservant entre elles

les mêmes rapports, il n'auroit pu en résulter aucune forme ; elle auroit changé de lieu & non de relations : donc, le Mouvement n'a pas été donné tout à la fois.

Si le Mouvement étoit également réparti dans toutes & chacunes des parties de la Matière, il y auroit dissolution des Etres : donc, le Mouvement a été inégalement réparti.

Sans Mouvement, point de déplacement des masses, point de développement ; &, sans développement, point de formes : donc, les formes étant très-variées, le Mouvement est très-varié.

Plein & Vuide. M. Mesmer a la sagesse de rejetter toutes les questions oiseuses. Quand une question a été agitée en tous sens, & que les efforts infructueux des plus grands Esprits ont bien prouvé qu'elle étoit insoluble, il faut la laisser là comme hors de notre portée. Au nombre de ces questions, M. Mesmer met celle du Plein & du Vuide, telle qu'on la traite depuis long-tems.

Si l'Univers étoit plein comme un œuf, plus plein qu'un œuf, c'est-à-dire, absolument plein, on ne pourroit y concevoir aucun mouvement, aucun développement, aucune forme ; donc le Plein absolu n'existe pas.

Si les intervalles entre les parties de Matière, étoient réellement vuides, vuides d'un Vuide absolu, aucun Corps ne se toucheroit : on ne pourroit concevoir comment le mouvement pourroit se transmettre des uns aux autres : donc le Vuide absolu n'existe pas.

Ces vaines discussions écartées, M. Mesmer s'arrête à la première des vérités que nous

puiſſions concevoir par le fait & le raiſonnement, la *Contiguité* de la Matière.

On entend par *Contiguité* de la Matière une
diſpoſition, telle que les parties en ſoient
placées ſi près les unes des autres, qu'elles ſe
touchent. Les Corps ſolides, & même les
liquides, en ſont des exemples ſenſibles; mais
les Fluides, proprement dits, ſuffiſent à la
démonſtration; ainſi :

Lorſque nous ſommes affectés par la Lumière
de l'Etoile la plus éloignée, il exiſte, entr'elle
& notre œil, une ſucceſſion de particules de
Matière ſi rapide, qu'elles ſe touchent ſucceſſivement : ainſi l'Aſtre touche notre œil, &
réciproquement notre œil touche l'Aſtre, comme l'on touche un objet avec le bâton qu'on
a dans la main.

En portant cette conſidération d'Aſtre en
Aſtre, de Corps à Corps, de Particules à Particules, il eſt évident que tout, dans l'Univers,
ſe touche par Contiguité.

Newton a dit que la Matière eſt indifférente
au Mouvement & au Repos. C'eſt une des
propoſitions de M. Meſmer; mais la Matière
eſt néceſſairement en mouvement ou en repos.

Repos & Co-
héſion.

Cependant tous les Corps, étant rapidement
emportés dans l'Eſpace, on ne peut concevoir
aucune partie de Matière dans un repos parfait : ainſi point de Repos abſolu; ſeulement
la Matière eſt plus ou moins mue.

Comme il faut s'entendre, M. Meſmer
appelle, en Repos, la Matière la moins mue :
en Mouvement, la Matière plus mue.

Deſcartes avoit dit qu'on ne peut imaginer
aucun ciment plus propre à joindre les parties

des Corps durs, que leur propre Repos; & delà
la *Cohéfion*, ou adhérence des Corps. C'eſt la
même opinion que celle de M. Meſmer.

Solidité &
Fluidité.

La Matière ſolide, ou la plus groſſière, eſt
donc en repos. La Matière fluide, ou déliée,
eſt donc en mouvement.

Définition
du Fluide.

Ce ſont les parties les plus déliées de la
Matière, qui n'ont aucune aggrégation, &
qui ſont conſéquemment les plus propres à
recevoir, communiquer & propager le Mouvement que M. Meſmer appelle proprement
le Fluide; mot qui, depuis quelque tems,
cauſe tant de débats.

Tels ſont, Monſieur, les premiers principes
de M. Meſmer, autant que j'ai ſçu les réſu-
mer. Simples, dégagés de toutes ſuperfluités,
tout le monde peut les entendre. Quand un
homme s'annonce ainſi, dès les premiers pas,
rien, à la vérité, n'aſſure qu'il ne ſe trompera
pas dans la ſuite; mais il eſt de préſomption
que l'on peut s'inſtruire avec lui. En attendant
qu'on en convienne généralement, comme la
ſagacité, en ces ſortes de matières, a conſtitué
juſqu'à préſent ce qu'on appelle le Génie, je
ne puis me départir d'une grande eſtime pour
les talens de M. Meſmer; & je me plais à
croire que, lorſque la Poſtérité parlera de Deſcartes, Newton & M. Meſmer, elle dira:
Voilà trois grands hommes!

Fluide dans
l'eſpace.

A préſent, Monſieur, que le *Fluide* eſt
défini, il reſteroit deux choſes eſſentielles à
faire: Prouver qu'il eſt de la ſaine Raiſon de
croire qu'il occupe les Eſpaces que vous croyez
vuides, & enſuite décrire ſa marche & ſes
diverſes modifications. L'une eſt plus aiſée
que

que l'autre : je me charge volontiers de la première, laissant à M. Mesmer le soin de la seconde.

Les Physiciens reconnoissent un grand nombre de Fluides : Fluide Aérien, Fluide Aqueux, Fluide Igné, Fluide Electrique, Fluide Magnétique, Fluide Nerveux, &c. &c. MM. les Commissaires veulent bien aussi nous accorder que nous sommes entourés *d'un Fluide qui nous appartient* (1). Ainsi nous ne manquons pas de Fluides. Par hazard, ne seroit-ce pas toujours le même qui se présente sous différentes formes? C'est la question que j'établis.

Permettez-moi, Monsieur, de me transporter un moment dans votre chambre : je m'y suppose avec une machine Electrique, & quelques piéces d'Aimant. Que de Fluides renfermés dans une espace de vingt pieds en quarré ou environ! La cheminée se fournit de Fluide Igné; le pot-à-l'eau, de Fluide aqueux; les Aimants, de Fluide Magnétique. Me plaît-il de faire aller votre machine Electrique? Aussitôt le Fluide Electrique est à mon service. Quel admirable discernement dans chacun de ces Corps, pour s'attribuer uniquement le Fluide qui lui appartient, & pas d'autres! Heureusement mes poumons en sçavent autant qu'eux. Ils happent précisément le Fluide Aérien; & quel triste sort me seroit réservé, s'ils alloient se méprendre, s'ils se trompoient au point de prendre du Fluide du Feu pour du Fluide de l'Air? Tout est bien ordonné, je vous assure; car, pendant ce tems-là, mes nerfs ne s'oc-

(1) Rapport de l'Académie, pag. 60.

D

cupent que du Fluide Nerveux ; & la totalité de mon corps s'entoure *du Fluide qui lui appartient.*

Unité des principes. MM. les Commissaires disent (1) qu'un des premiers principes, en Physique, est de ne point admettre de *nouvelles* causes sans nécessité absolue. Je suis entiérement de leur avis ; & même, je pense que l'on feroit fort bien d'en abandonner une infinité d'*anciennes*, que l'on s'obstine à prêter à la Nature, d'autant plus gratuitement, qu'elle n'en a que faire. Sa marche doit être simple, comme celui qui l'a créée ; &, quand nous-nous mêlons de la faire agir, ce doit être, autant qu'il est en nous, à sa manière, & non à la nôtre.

Vous-même avez dit quelque part, Monsieur (2), qu'il seroit absurde de supposer, dans le Globe solaire, une force particulière pour gouverner Saturne, une autre pour Mercure, & enfin autant de forces que de Planettes. Je laisse à MM. les Commissaires le soin de l'application.

La Théorie la plus simple des Fluides, & la plus digne de la grandeur de la Nature, c'est de n'en voir qu'un seul, susceptible de toutes les modifications possibles, en raison des formes qu'il rencontre, des directions qu'il prend, & de l'activité de Mouvement qui le constitue. Mais peut-être que ce terme de *Modifications* paroîtra encore trop sçavant à quelques Lecteurs : il faut leur montrer qu'ils ne sont étrangers qu'au mot.

_____

(1) Rapport de l'Académie, pag. 44.
(2) Astronomie moderne, tom. II, pag. 484.

Tout homme qui sçait allumer & éteindre une chandelle, connoît déja deux modifi- *Modification du Fluide.* cations du Feu & de la Lumière. La chandelle allumée, sa flamme brule en forme de Feu, brille & s'étend en forme de Lumière. La chandelle éteinte, la Matière première du Feu & de la Lumière ne nous entoure pas moins, comme dit Descartes. Mais, ne passant plus par les mêmes formes, n'ayant plus la même direction, n'ayant plus le même Mouvement, elle est devenue Fluide obscur, de Fluide brûlant & lumineux qu'elle étoit. Suivons cette marche dans l'Electricité : elle y parle toute seule.

Un Plateau de verre frotté contre une *Dans l'Elec-* Peau d'Animal, c'est le fond d'une machine *tricité.* Electrique ; ajoutons y un Tube de cuivre : voilà tout ce qu'il faut pour me faire entendre. Le Fluide, obscur dans l'Atmosphère, y est imperceptible à tous les sens. Il n'y a pas long-tems qu'on l'y soupçonne ; mais il y est. Donnez une forte action au Plateau, c'est-à-dire, faites le frotter vivement contre la Peau d'Animal, & le Fluide s'accumulera en flamme bleuâtre contre les Parois du verre, pour disparoître aussi-tôt. Qu'est-il devenu ? Il a passé dans le Tube de cuivre. On ne peut l'y voir ; mais, en approchant la main, il ressort avec violence en flamme bleuâtre, tel qu'il y est entré ; & dans le même moment il se dissémine de nouveau dans l'Air d'où il est venu, & y reprend son existence obscure. Voilà, en un clin d'œil, & bien évidemment, cinq modifications ou changemens successifs du même Fluide. 1°. Dans l'Air, Fluide obscur

D ij

& imperceptible à tous les fens. 2°. Contre les Parois du verre, Fluide lumineux. 3°. Dans le Tube, Fluide obfcur & imperceptible à tous les fens. 4°. Au fortir du Tube, Fluide lumineux. 5°. A fa rentrée dans l'Air, Fluide obfcur & imperceptible à tous les fens. Cependant c'eft toujours, & bien certainement, le même Fluide.

Dans la Lumière.

Ce n'eft point un oubli, Monfieur, fi tout-à-l'heure je n'ai point fait entrer le Fluide de la Lumière dans votre chambre; je l'ai réfervé pour ce moment.

De quelque manière que la Lumière nous arrive, elle arrive; & il paroît qu'elle parcourt les intervalles les plus immenfes, d'une extrémité à l'autre, fans changer de forme. Ainfi la Lumière court du Soleil à Jupiter, ou Saturne, fe réfléchit contre eux, vient à nous, s'y réfléchit encore, va vers la Lune, &c. L'Immenfité étant innombrablement femée d'Aftres femblables, qui fe repouffent tous la Lumière, le même Méchanifme s'exécute par-tout. Ainfi la Lumière eft répandue dans toute l'Immenfité de l'Efpace. Ainfi l'Immenfité de l'Efpace eft remplie de Fluide.

Dans fes courfes multipliées, la Lumière a fes déperditions; & je penche à croire qu'elle fait auffi des acquifitions. Toutes les fois qu'elle entre dans un lieu obfcur, qu'elle s'infinue dans les interftices des Corps, elle y quitte fa propriété de Lumière, &, rien ne fe perdant dans la Nature, elle y change feulement de forme. Je crois qu'elle acquiert à l'approche de certains Corps, tels que les Corps polis, & en réfléchiffant contre eux.

Il eſt très-apparent qu'elle s'empare des parties
Fluides qui gliſſent ſur leur ſurface, & que,
leur procurant aiſément ſon Mouvement & ſa
direction, elle ſe renforce par cette jonction;
d'où naîtroit une explication aſſez naturelle
de l'éblouiſſante réverbération de ces Corps.
Et pourquoi cela ne ſeroit-il pas ainſi? Quand
la Lumière ne feroit que reprendre ce qu'elle
a perdu, quand elle ne retrouveroit à ſon paſſage que ce qu'elle a laiſſé, n'avons-nous pas
déjà vu qu'il n'en coute pas davantage à ce
Fluide pour reprendre ſa première forme que
pour la quitter? La merveilleuſe facilité de
ces Métamorphoſes nous étonne; mais nous
les exécutons, à chaque inſtant, avec la plus
grande aiſance. Rappellons-nous le grand art
d'Allumer une Chandelle. Une Pierre, un
Briquet, de l'Amadoue, une Alumette!
Qu'elle ſucceſſion de modifications! Qu'elle
fertilité de moyens!

Il eſt dans l'eſſence de tous les Corps de
conſerver leur première forme & leur premier Mouvement, tant qu'ils le peuvent; ſans
quoi ils ceſſent d'être les mêmes Corps. La
Lumière ſuit cette loi commune. Lancée en
ligne droite, elle eſt Lumière tant qu'elle
s'épand en ligne droite. Si, par un obſtacle
quelconque, elle perd cette Direction eſſen-
tielle, elle n'eſt plus Lumière. C'eſt un Fluide
obſcur & imperceptible. De nouveaux chocs
lui rendent-ils ſon ancienne Direction? on
voit le Fluide ſourdir du ſein des Ténèbres en
Lumière, plus ou moins vive, plus ou moins
pâle, plus ou moins active. Dans cet état,
il ſe prête à tous les mouvemens qui ne ſont

pas directement contraires à fa nouvelle nature, Avec qu'elle adreſſe & qu'elle ſoupleſſe
inimaginables ne ſe défend-il pas, pour ainſi
dire, contre ſa mort ? Il ſe détourne, il ſe
réfracte, ſe plie & ſe replie, fléchit, s'in-
fléchit, rebondit, s'incline, s'incurve, court
d'angles en angles, ſe décompoſe, ſe recom-
poſe en Filets ou Globules déliés, qui ne ſont
que paroître & diſparoître. Quelquefois il
ſemble onduler avec une eſpèce de douceur,
lorſque, par exemple, il nous eſt renvoyé par
la Lune. D'autres fois il ſcintille avec une
eſpèce de fureur pour fuir les Etoiles. Tous
ces mouvemens, ſi variés en apparence, ſont
néanmoins uniformes & même aſſez bornés.

Dans le Feu. Le Feu donne de la Lumière ; cela n'eſt pas
douteux ; mais comme il eſt de la Lumière
ſans Feu, il eſt du Feu ſans Lumière. Une
barre de fer incandeſcente, mais qui n'eſt plus
rouge, ne donne pas de Lumière, mais elle
eſt en Feu, & malheur à qui la prend impru-
demment dans la main. Il en eſt de même
de l'Eau bouillante qui n'éclaire pas, mais qui
brûle. D'un autre côté, la Lumière, dans
l'Eſpace, n'eſt point de Feu ; mais en s'approchant des Corps terreſtres, elle échauffe
plus ou moins ; &, lorſqu'on la fait converge,
dans un verre ardent, c'eſt le Feu le plus
violent que nous connoiſſions. L'Electricité,
la Foudre, ne ſont pas du Feu ; mais l'une
allume les Corps les plus légèrement inflamma-
bles ; & l'autre, comme pour ſe jouer de nôtre
foible conception, brûle & fond quelquefois
les Corps les plus durs, & d'autres fois, avec
la même violence, elle écraſe l'arbre qu'elle

rencontre, l'éparpille en petites éclisses, ou le réduit en poussière, ne laissant, d'ailleurs, aucune trace de ce que nous appellons Feu. Lorsque, par la nouvelle Lune, on écrit avec le bout du doigt, ou de sa canne, sur le sable mouillé que la Mer vient de délaisser, c'est en lettres de Feu; & cependant ce n'est pas du Feu, car c'est de l'Eau. Le Feu Saint-Elme se place sur le visage du Matelot. Tout l'Equipage le voit & s'en réjouit; le Matelot ne sent aucune atteinte de Feu. Enfin, le dos du Ver luisant brille d'une Lumière étincelante; &, loin que ce dos soit en Feu, il est froid à glacer la main sur laquelle on le pose.

Toutes ces modifications, tous ces chan- Unité du gemens, toutes ces métamorphoses, tous ces Fluide. rapprochemens, que je dois me contenter de jetter en avant, sans me permettre un Traité; tous ces rapprochemens, dis-je, ne démontrent-ils pas une seule & même Cause, une seule & même Action, une seule & même Loi, un seul & même Agent, un seul & même Elément, un seul & même Fluide ? Dans les Espaces célestes, on le voit en forme de Lumière, se porter d'un Corps à un autre, se rencontrer en route, se pénétrer & se croiser en tous sens, sans se nuire. C'est la même chose parmi nous. Dans un Appartement, mille clartés aboutissent à nos yeux, après s'être pénétrées & croisées sans se nuire. Le Son partage la même propriété. Mille instrumens percent jusqu'à notre oreille, sans confusion, & notre oreille elle-même; quel admirable milieu de modifications & de croi-

femens infinis du Fluide ! En defcendant par
nuances du Feu le plus violent, jufqu'à la
froideur éternelle qui attrifte les Régions Pô-
laires, ne paffe-t-on point par une chaleur plus
ou moins violente, par une chaleur plus ou
moins douce, par une température plus ou
moins agréable, par un froid plus ou moins
pénétrant ? L'Eau n'eft-elle pas plus ou moins
fluide jufqu'à ce qu'elle foit métamorphofée
en une Terre ou Corps dur que nous appellons Glace? Tous ces Phénomènes particuliers,
dont je pourrois étendre l'énumération à l'in-
fini, ont-ils tous & chacun d'eux une caufe
particulière? Non : c'eft évidemment la même.
Oui, Monfieur, évidemment la même. C'eft
le même Fluide : c'eft lui qui pénètre tout,
qui vivifie tout, qui change tout, qui déna-
ture tout, qui procure la mort à tout. C'eft
fa marche, c'eft fa Nature qu'il faut étudier.
Defcartes & Newton nous ont laiffé & indiqué ce foin. M. Mefmer s'eft appliqué à remplir leurs vues. Ecoutons-le, après quoi nous
le jugerons, comme de droit. MM. les Commiffaires ne font pas de cet avis ; ils croyent
ne devoir pas s'embarraffer d'où vient le
Fluide (1). Je penfe qu'ils ont tort.

Avouée par
les Commif-
faires.

Mais, quand ces Meffieurs nous ont dit
que, de tous les principes de Phyfique, le
premier étoit de ne pas admettre de caufes
nouvelles fans néceffité abfolue, ne décla-
moient-ils pas dans la même Tribune, &
pour la même caufe que moi ? Sans doute,

Rapport de l'Académie, pag. 2.

& c'est très-bien dit ; admettre une infinité de causes sans une infinité de nécessités absolues, c'est choquer les principes de la saine Physique.

Et, quand on nous dira que ce n'est pas ainsi que se traitent les Sciences exactes ; qu'un Esprit rectifié par la Géométrie, ne se prête pas aisément aux idées les plus raisonnables, n'est-ce pas tant-pis pour les Sciences exactes & pour les Géomètres, s'ils n'entendent pas raison ? Enfin, quand on nous fera peur de l'Attraction, comme on fait peur aux enfans d'une Médecine, & aux voleurs, de la Maréchaussée, n'aurons-nous pas quelque droit de nous moquer de l'Attraction, de la Médecine & même de la Maréchaussée ? Nous avons MM. les Commissaires pour nous.

C'est un grand abus, Monsieur, dans les Sciences, que de toujours crier contre les Systêmes, comme s'il étoit une Science sans Systême, comme si chacun, aujourd'hui, ne se croyoit pas en droit d'avoir son Systême à lui. En Géométrie, on n'est pas d'accord sur les premiers Élémens. Ils sont nécessairement systématiques. Dira-t-on qu'il ne faut pas croire à la Géométrie, & qu'elle n'est qu'un Systême ? Quoi ! toujours des mots ?

Dans le langage ordinaire, Monsieur, cette expression est extrêmement défigurée. Dans sa véritable acception, elle équivaut à celle de raisonnement. C'est l'ordre dans lequel on enchaîne des vérités reconnues, ou que l'on cherche à reconnoître.

Dans les hautes Sociétés, les intérêts sont si compliqués, qu'il ne suffit pas de voir la vérité pour voir raisonnablement. Il faut en-

Nécessité des Systêmes dans les Sciences.

core apprécier les circonstances où se trouvent
soi & les autres. Il ne faut pas vouloir tout
ce qui seroit bien ; il faut encore calculer
ce qui est possible. En prenant pour exemple
les Gouvernemens, il n'en est peut-être pas
un qui n'offre des abus, des choses qui pourroient être mieux, des habitudes & des préjugés fâcheux. Celui qui entreprendroit de
tout reconstruire, pourroit être fort déraisonnable, quand bien même il n'auroit pas une
seule idée que n'avouât l'exacte raison. Enfin,
les hommes sont faits de telle manière, qu'il
est des principes qui, mauvais en eux-mêmes,
doivent cependant être respectés. Celui qui
ne sauroit pas ces choses, ou qui, les sa-
chant, ne voudroit suivre que les mouvemens impétueux d'un Cœur droit, seroit ce
que l'on appelle un homme à Système, un
homme très-dangereux ; & il seroit même
absurde de répéter ces vérités communes,
si l'on ne nous arrêtoit sans cesse avec un
mot vuide de sens par l'application qu'on en
fait à tous propos.

Dans la vie ordinaire, on doit avoir égard,
& se conformer aux circonstances, dont nous
ne sommes pas les maîtres & qui nous
oppressent en tous sens ; aux opinions communes, aux usages reçus, & même trop souvent aux usages les plus bizarres ou les plus
capricieux. Qui heurteroit tout en ce genre
sans ménagement, ne seroit pas un homme
à Système : il seroit extravagant. Mais celui
qui, dans une affaire compliquée, la dégage
de toutes les superfluités dont on l'embarrasse,
écarte les faux principes, en met de plus

vrais en évidence, & les fait valoir par la force
ou la sagacité de son raisonnement, celui-là
n'est pas un homme à Système; c'est un homme
de sens, qui, pour l'ordinaire, arrive à son
but.

Il en est de même dans les Sciences. Raison
n'y est pas Système, plus que pur Système n'y
est raison. Mais elles ont cet avantage que,
abstraction faite de quelques branches particulières, non-seulement la déraison, mais l'ex-
travagance même n'y font tort à personne. Il
faut cependant convenir que des gens, vrai- Insouciance
ment rares dans l'art de rêver, abusent de des Sçavans
la permission, & c'est un mal ; mais ; prenez-y les uns envers
les autres.
bien garde, Monsieur, ce n'est pas le grand
mal. Le grand mal est, que le titre bien re-
reconnu de rêveur, n'y fait un vrai tort, que
lorsque l'on ne se place pas dans l'ordre des
choses, qui seul mène à un but tout autre
que celui de la vérité. Le mal est, qu'il faut
nécessairement être d'un parti. Le mal est
que, sans le talent de se faire prôner, il
n'est plus de talent. Le mal est que, dans
ce commun accord, chacun cependant fait
bande à part. Le mal est, que l'on ne fait
cas que de ses propres idées ; & que, quelque soit l'intérêt du Public, on tienne moins
à le contenter qu'à ne pas reviser ses premières opinions. Le mal est enfin, que parmi
les Sçavans, on s'occupe infiniment de son
propre mérite, pas assez de celui des autres.
Il en est peu qui veuillent bien, je ne dis
pas rendre justice aux idées d'autrui, mais
seulement y regarder. Et ne croyez pas que

ce foit ici déclamation. Mes amis Defcartes
& Newton vont me fervir d'exemple ; après
quoi je vous citerai celui d'un homme de
votre connoiffance, trop récent pour que vous
ne puiffiez pas vous le rappeller avec facilité.

Exemple de Defcartes & de Pafcal. C'eft avec raifon, Monfieur, que vous
avez blâmé Defcartes (1), d'avoir long-tems
féjourné en Allemagne fans chercher Képler,
& d'être allé en Italie fans voir Galilée.
On trouve dans Baillet, que Pafcal & lui ne
furent pas fort curieux l'un de l'autre. Cette
indifférence ne peut, ce me femble, faire
honneur à perfonne, & peut-être que
Defcartes auroit encore un plus beau nom,
s'il avoit fait paffer avec attention les idées
de fes Contemporains par les filières de fon
Génie, fur-tout celles de Képler, qui pouvoient lui être infiniment utiles.

Exemple de Newton. Cette mercuriale à Defcartes ne vous a pas
coûté, parce que, dans vos opinions, vous
deviez être porté à le juger févèrement; mais,
fans faire tort à Newton, vous auriez pu
dire de lui à-peu-près la même chofe.
Pemberton, fon grand Admirateur, & prefque
fon Elève, convient (1) que Newton, Ma-
thématicien, avoit peu lu les Ecrits des Ma-
thématiciens modernes. A la vérité, il ajoute
que ce grand homme étoit doué d'un fi pro-
digieux efprit d'invention, qu'il étoit en état
de fe paffer de fecours étrangers. Cela fe peut;
mais il feroit également poffible que Newton

(1) Aftronomie moderne, tom. II, pag. 194.
(1) Pemberton, Préface.

eût beaucoup gagné à s'occuper des objections
que l'on faisoit dès-lors contre quelques paffages de fes Ecrits.

Ce qui étoit de mode du temps de Def- Exemple en-
cartes & de Newton, l'eft encore aujourd'hui. vers M. Bailly.
On juge les Ouvrages d'autrui : on ne les lit
pas. J'en ai quelque affurance.

Vous avez, Monfieur, recherché affez long-
temps une place à l'Académie Françoife, &
vous aviez un Concurrent. Je ne m'avife
pas de juger la prééminencé de vos mérites;
mais je reconnoiffois alors que vos titres
étoient plus en évidence que les fiens. A cette
occafion, je parlai de vos juftes prétentions à un
Académicien, dont la voix vous devenoit néceffaire, & je lui citois avec intérèt, votre Hiftoire de l'Aftronomie, bien plus que vos Lettres
fur l'Atlantide de Platon, dont cependant je
fais cas. Il ne la connoiffoit pas, & étoit fort
furpris que je m'occupaffe de Livres d'Aftronomie. Je fus obligé de le détromper, de lui
apprendre combien votre Ouvrage étoit, à cela
près de quelques exceptions inévitables, à la
portée de tout Lecteur inftruit, & combien il
étoit fatisfaifant que l'intelligence d'une Science
intéreffante, mais dont le feul nom effraie, fut
facilitée par un Ecrivain judicieux & élé-
gant. Comme cet Académicien vous étoit
favorable, je l'encourageai aifément à vous
lire ; du moins, il me le promit. Mais je
vis enfuite un de fes Confrères qui, n'étant
pas dans les mêmes difpofitions, m'affura,
non-feulement qu'il ne vous avoit pas lu,
mais encore qu'il étoit dans la ferme réfolution de ne le faire jamais. Ces deux aven-

tures excitèrent ma curiosité; &, d'après les renseignemens que j'ai recueillis, il est devenu évident pour moi, qu'en cavant au plus fort, quatre de vos Confrères, tout au plus, connoissoient réellement votre mérite littéraire, quand ils vous ont associé au leur. Ainsi, Monsieur, si vous croyez leur devoir votre nomination, détrompez-vous : c'est la voix publique qui vous a nommé.

Conclusions de la première Partie. Je vais me reposer un moment : après quoi j'examinerai plus particulièrement le Rapport que vous avez rédigé. Puissé-je être assez heureux pour y trouver souvent l'occasion de prouver au Lecteur que MM. les Commissaires ont suivi des principes opposés à ceux dont je viens de présenter un léger apperçu.

Fin de la première Partie.

LETTRE

SUR

LE MAGNÉTISME

ANIMAL.

SECONDE PARTIE.

Lors, Monsieur, qu'un Ouvrage annoncé *Lecture des* sous un nom fameux, est attendu du Public, *Ouvrages nou-veaux.* tout le monde veut le connoître à la fois. C'est à qui l'aura pour le lire au plus vîte ; bien ou mal, il n'importe ; l'essentiel est de satisfaire sa première curiosité. Il en arrive que, si quelque esprit actif s'en saisit, il commence, même dans le repos du Cabinet, par le parcourir, avant de le lire avec assez d'attention, pour en apprécier & peser les détails. Je ne sais si l'on doit approuver cette méthode, mais j'en ai usé ; lorsque le Rapport de MM. les Commissaires a paru ; & je n'en suis point fâché, parce que j'y trouve l'avantage d'être, en même - tems, dans le cas de ceux de vos Lecteurs qui n'ont fait que vous parcourir, & de ceux qui vous ont lu avec l'attention que mérite tout ce qui sort de votre plume.

Je le demande à tous mes nombreux Com- *Comment* pagnons dans l'art de lire à la hâte : N'est-il *j'ai lu le Rap-port.*

pas vrai que lorſqu'il leur tombe entre les mains un Livre qui leur eſt nouveau, ils courent, avant tout, à la concluſion ? J'ai fait de même avec le Rapport de MM. les Commiſſaires, pour ſçavoir ce qu'étoit le Magnétiſme Animal. ATTOUCHEMENT, IMITATION, IMAGINATION; c'eſt ce que j'ai trouvé : enſorte que moi, qui croyois bonnement croire au Magnétiſme Animal, j'ai vu que je ne faiſois que m'imaginer y croire. Je penſois avoir été ſérieuſement malade pendant ſix années ; c'eſt encore une imagination, je me ſuis toujours bien porté. Je me croyois guéri depuis deux ans, ; point du tout : je ſuis toujours malade. Je prétendois n'avoir preſque pas été touché chez M. Meſmer ; erreur , je l'ai été ſans ceſſe, & même ſur mon *Colon* que je croyois à-peu-près vierge. Enfin je ne me rappellois pas avoir imité perſonne au Magnétiſme Animal, & cependant je n'y ai été guéri qu'en imitant machinalement ceux qui avoient été guéris comme moi. Que fais-je ? Peut-être ne ſuis-je jamais entré chez M. Meſmer. Peut-être n'ai-je jamais entendu parler de Magnétiſme. Peut-être n'y a-t-il jamais eu de Commiſſaires nommés pour l'examen de cette prétendue Doctrine. Peut-être même, en ce moment, ne fais-je qu'imaginer que j'écris ſur le Magnétiſme Animal.

Ce retour ſur moi - même avoir quelque choſe de gai ; mais , comme par caractère, je paſſe auſſi volontiers du plaiſant au ſérieux, que du ſérieux au plaiſant ; voici quelques réflexions ſérieuſes qui ont ſuccédé rapidement à mes premières idées.

Nous

Nous vivons dans un siécle *Philosophe*, qui n'estime que les Sciences exactes, qui ne connoît de certitude que dans la Géométrie, où rien n'est prouvé s'il ne l'est mathématiquement ; où l'on n'admet (1) en *Physique*, *que des faits*, *que des expériences*, *que des résultats*, *desquels on puisse juger par le rapport des sens extérieurs* ; où l'on a banni pour toujours de cette Science, toute explication Métaphysique. Eh bien, pourra dire la Postérité, dans ce siécle *Philosophe*, dans ce siécle Géomètre, dans ce siécle exact, dans ce siécle dégagé en Physique d'illusions & d'applications Méthaphysiques, il a été nommé une Commission imposante pour examiner un fait Physique : cette Commission a été confiée à des Sçavans du premier ordre, & ces Sçavans n'ont pas balancé à donner d'un fait purement Physique, deux explications purement Métaphysiques : IMITATION, IMAGINATION.

Ses Conclusions métaphysiques.

Qui peut avoir donné lieu à un résultat aussi opposé à tous les principes reçus ? Je l'ai déjà dit ; car j'ai consacré la première partie de ma Lettre, au développement de cette grande vérité, que les préjugés des Sciences étoient aux Sçavans, ce que les préjugés de l'enfance sont au reste du Monde. Il faut un grand effort pour s'en dégager ; & malheureusement, dans l'occasion présente, cet effort n'a seulement pas été tenté.

Leurs causes.

Lorsqu'on nous fait voir un objet nouveau, de quelque nature qu'il soit, ne fut-ce qu'un meuble de commodité ou d'agrément, il est dans

Fausse marche & préventions.

(1) Rapport de la Société, pag. 4. (a)

E

(a) Voyez ce Rapport, Vol. 5. N°. 56. toutes les fois qu'il sera cité dans cette lettre.

l'ordre d'écouter l'explication & la démonstra-
tion que celui qui a conçu l'ouvrage veut nous
donner des usages ou de l'utilité qu'il lui attribue. Notre vérification, & les contradictions
qu'elle peut entraîner, ne doivent arriver qu'a-
près ce premier examen. A plus forte raison,
dans celui d'une Science nouvelle, qui, nécessairement offre des principes abstraits, & des
résultats compliqués, il est déplacé de s'écarter d'une marche aussi raisonnable ; & celui
qui se le permet, prouve, dès le premier pas,
qu'il n'agit que par l'impulsion de préjugés
bien difficiles à vaincre. Ainsi, lorsque M.
d'Eslon a proposé deux manières de constater
l'existence du Magnétisme Animal, (1) & que
MM. les Commissaires les ont rejettées toutes
deux, pour s'en tenir strictement à une troi-
siéme de leur création, ils ont laissé voir clairement qu'ils étoient conduits par des préjugés
antérieurs, que le Magnétisme Animal étoit
déjà jugé par eux peu digne de l'importance
qu'on y mettoit, & conséquemment, que l'examen qu'ils en feroient, ne seroit ni profond ni
impartial.

M. d'Eslon ayant offert de communiquer ses
connoissances, (2) le premier devoir de MM.
les Commissaires étoit sans doute, de lui
prêter une attention sérieuse & suivie. Mais la
simple lecture d'un Discours Préliminaire leur
a suffi. Après quoi, ne s'occupant d'aucune
espèce de Théorie, ils ont déclaré qu'ils ne
s'embarrassoient pas d'où venoit le Fluide (3) : ce

_____

(1) Rapport de l'Académie & de la Faculté, pag. 3.
(2) *Ibid.*
(3) *Ibid*, pag. 9. ( )

qui démontre évidemment que déjà la Doctrine du Magnétisme Animal, étoit dans leur Efprit au rang de ces futilités qui ne méritent pas
d'attention.

Vous gliffez légèrement, Monfieur, dans
votre Rapport fur vos difpofitions réelles ; mais
MM. les Commiffaires de la Société Royale
de Médecine, fuppléent à votre filence. Ils
avouent (1) qu'ils n'ont étudié la Doctrine du
Magnétisme Animal, que dans un précis du
précis qui leur avoit été lu.

Mettons ces vérités dans tout leur jour par
un exemple du plus grand poids, celui de
M. Franklin. Ses incommodités l'empêchant
de fe tranfporter à Paris, il n'a feulement pas
entendu, dé votre propre aveu, la lecture
dont je fais méntion ; & il ne faut pas croire
qu'il y ait fuppléé par des converfations avec
M. d'Eflon. Il n'en a pas exifté une feule entre
eux. Vons convenez (2) que M. Franklin n'a
eu aucune part aux expériences faites à Paris ;
& moi, j'ajoute qu'il n'a fuivi que très-impar-
faitement celles qui ont eu lieu chez lui. Notamment, il n'a pas affifté à celle que l'on a faite
fur Mademoifelle B***. (3) à qui l'on faifoit
accroire que M. d'Eflon la Magnétifoit, pas
plus qu'à celle faite fur la Femme P*** (4) devant qui l'un des Commiffaires jouoit le perfon-
nage fuppofé de M. d'Eflon : car MM. Franklin
& d'Eflon étoient, au même inftant, avec une
partie des Commiffaires, dans un Appartement

Non Examen
de M. Fran-
klin.

---

(1) Rapport de la Société, pag. 1.
(2) Rapport de l'Académie, pag. 22.
(3) Ibid, pag. 39.
(4) Ibid, pag. 38.

féparé à faire les expériences que vous citez pages 22 & 23, & d'autres que vous ne citez pas. Ainfi donc, il eft démontré que la fignature de M. Franklin, au bas de votre Rapport, n'eft qu'un acte de déférence pour fes Collégues ; & cette circonftance eft trop importante pour qu'on puiffe taxer de minutieux les détails que je viens de do..ner.

Non Examen des Commiffaires. Si l'avis de M. Franklin ne pofe que fur des oui dires, celui de MM. les Commiffaires en differe peu. Ils fignent tous à la fois, mais ils n'ont pas vu tout à la fois. Les uns font dans une chambre, les autres dans une autre ; quelques-uns vont de tems en tems faire des obfervations pour en rendre compte à l'Affemblée Générale. On effaye du Magnétifme une fois chaque femaine, & le plus grand effort eft d'y aller trois jours de fuite. (1) On fait que M. Poiffonnier, qui a figné le Rapport de la Soiété Royale de Médecine, fur trois mois, au plus, qu'a duré l'examen, a paffé fix femaines à trente lieues de Paris, dans fa Terre de Pruflé, en Perche. L'on fait, enfin, que M. de Juffieu, qui s'étoit fait une loi de fuivre avec exactitude les effets du Magnétifme Animal dans les Traitemens de M. d'Eflon, & dans fa pratique particulière, n'a pas figné le Rapport de fa Compagnie.

Quelle méthode préfé. rable. Sans doute il étoit inévitable que le nombre des Commiffaires n'occafionnât des abfences, & il n'auroit pas été raifonnable que, pendant toute la durée d'un examen, trop *important* pour être bien *prompt*, ils euffent indéfiniment

---

(1) Rapport de l'Académie, pag. 8, 17 & 19.

perdu leur liberté, & les occasions de vaquer
à leurs propres affaires; mais c'étoit-là, ce
semble, une raison de plus pour s'attacher, de
préférence, aux mesures qui pouvoient diminuer cet inconvénient. M. d'Eslon vous avoit
consacré une chambre séparée, & des Appareils
magnétiques particuliers. Au lieu de s'y rendre
une fois chaque semaine (1), ce pouvoit être
un lieu de rendez-vous journalier. Rien de
plus facile que d'y réunir des malades en
quantité suffisante, & d'y faire toutes les expériences nécessaires; au lieu d'aller tantôt à
Passy, tantôt chez M. Jumelin, &, le plus
souvent, nulle part; car, à l'examen le plus
léger, on s'apperçoit bien vîte que tout votre
travail, quelque éclat qu'il ait jetté, s'est
néanmoins borné à vous assembler sept ou
huit fois : &, lorsque MM. les Commissaires
donnent à la Commission, dont ils ont été
chargés, l'épithéte *d'importante*, n'est-ce pas
un aveu qu'ils devoient y mettre plus d'*importance*; &, lorsqu'ils ajoutent que, par *son
objet & son importance*, elle demandoit des
moyens *prompts*, n'est-on pas en droit de leur
répondre qu'elle demandoit moins des moyens
prompts que des moyens *surs* (2)?

Remarquez bien, s'il vous plait, que l'exemple de MM. & de Mesdames de M**, de R**,
de B**, de V**, prouve que M. d'Eslon vous
a laissé pleine liberté de mener, à votre Traitement particulier, tels malades qui vous con-
viendroient. Il étoit donc aisé à MM. les Com-

_____

(1) Rapport de l'Académie, pag. 17.
(2) *Ibid*, pag. 15.

E iij

miſſaires de s'en procurer dans leurs connoiſſances, ou leurs malades, « qui ne puſſent être
» ſoupçonnés d'aucun intérêt; qui ne fuſſent
» pas d'un rang aſſez diſtingué pour être
» importunés par des queſtions; que le ſoin
» de les obſerver n'eut pas gêné, à qui il
» n'auroit pas déplu, & qui même n'euſſent
» pas gêné la diſcrétion de MM. les Com-
» miſſaires (1) ». C'eſt aſſurément une belle
choſe que la modeſtie; mais, comme en tout,
il n'y faut pas d'excès; & je crains peu d'être
démenti, quand je dirai que MM. les Commiſſaires étoient d'un ordre trop choiſi pour
que leur honnêteté n'eût pas fait aimer leurs
queſtions. On aime à parler de ſes maux. Qui
donc en entretenir avec plus de confiance,
avec plus de ſécurité, avec plus d'abandon,
que des perſonnes que l'on eſtime ? Je me
rappelle, Monſieur, avoir eu l'honneur de
vous préſenter un jour à M. Meſmer. Dès que
l'on ſçût, dans la chambre des Traitemens, que
vous étiez dans le Sallon, nombre de malades
oublièrent le ſoin de leur ſanté, & cherchèrent
des prétextes pour paſſer à côté de vous. Le ſeul
plaiſir de voir un Homme célébre, les ſatisfit.
Qu'eût-ce donc été s'ils avoient pu ſe flatter
de jouir librement de votre converſation ?

Vous nous aſſurez, Monſieur, que l'aſſiduité
de MM. les Commiſſaires n'étoit pas néceſſaire
aux Traitemens : moi, j'ai l'honneur de vous
répondre qu'elle y étoit indiſpenſable; &, ce
qui peut faire pencher la balance en ma faveur,
c'eſt que telle étoit une des conditions que,

_____

(1) Rapport de l'Académie, pag. 2 & 8.

M. d'Eslon avoit réglée, & sur laquelle » il a » insisté principalement & presque exclusive- » ment ». Ce sont vos termes (1).

Mais je vous accorde que cette assiduité n'étoit pas nécessaire. Vous ne refuserez pas sans doute de m'accorder, à votre tour, qu'elle pouvoit avoir un degré quelconque d'utilité, ou du moins ne nuire à rien. Il est très-certainement dans vos principes, que toute question doit être approfondie, & examinée en tout sens, avant d'être décidée. Quel inconvénient auroient trouvé MM. les Commissaires, à ce que, pendant trois mois que l'examen a paru durer, on se fût transporté-non *une fois chaque semaine*, mais tous les jours, à des Traitemens dont les portes vous étoient constamment ouvertes ? Quel inconvénient auriez-vous trouvé à ce qu'ils y magnétisassent eux-mêmes, au lieu de se *promettre*, on ne sçait pourquoi, *de n'y magnétiser jamais* (2) ? Comment la continuité de ce travail, & la facilité de faire, à chaque instant, des observations, qu'une pratique assidue peut seule fournir, auroient-elles pu nuire *à la liberté de discuter* subséquemment ces mêmes *observations* dans *l'assemblée générale* ? Rien alors les auroit - il empêchés *d'être les seuls*, ou du moins *les premiers Juges de ce qu'ils auroient observé* (3) ?

Cependant, Monsieur, il pouvoit résulter un grand bien de cette scrupuleuse exactitude. Peut - être MM. les Commissaires, s'ils ne

(1) Rapport de l'Académie, pag. 11.
(2) *Ibid*, pag. 17.
(3) *Ibid*, pag. 17.

E iv

s'étoient pas convaincus eux-mêmes, auroient-ils trouvé des motifs moins humilians de notre crédulité, que ceux qu'ils ont adoptés. En mon particulier, j'aurois trouvé doux, que, connoissant, comme vous le faisiez, mon opinion, vous eussiez daigné condescendre à ma foiblesse, d'une manière moins tranchante que vous ne l'avez fait.

Enfin, Monsieur, je veux qu'il n'y ait, dans le Magnétisme Animal, qu'ATTOUCHEMENT, qu'IMITATION, qu'IMAGINATION; quels moyens simples, quels moyens peu connus & peu définis (1) jusqu'à présent, de produire *l'étonnant spectacle, les accidens variés & répétés* (2) qui vous ont frappé, avec tant de raison, aux Traitemens par le Magnétisme Animal! Quelle fécondité de réflexions pour un Observateur éclairé! Si elles avoient été inutiles au Physique, elles ne pouvoient l'être au Moral; &, puisque *l'importance* de votre mission vous condamnoit au spectacle des souffrances, pourquoi ne pas en profiter pour y méditer profondément sur « la grande puissance qui, dans
» le prétendu Magnétisme Animal, agite les
» malades par des effets constans, qui les maî-
» trise, dont celui qui magnétise semble être
» le dépositaire; qui tient l'un dans un repos
» profond, l'autre dans l'agitation, qui établit
» des sympaties entre des malades qu'on voit
» se chercher exclusivement, & en se préci-
» pitant l'un vers l'autre, se sourire, se parler
» avec affection, & adoucir mutuellement

_____

(1) Exposé des Expériences de l'Académie, pag. 14.
(2) Rapport de l'Académie, pag. 7.

» leurs crifes. Tous font foumis à celui qui
» magnétife : ils ont beau être dans un affou-
» piffement *apparent*, fa voix, un regard, un
» figne les en retire (1) ». Tel eft l'étonnant
fpeétacle dont, fuivant vos propres expreffions,
on ne peut fe faire une idée quand on ne l'a
point vu (2). Tel eft l'étonnant fpeétacle que
négligent les Philofophes qui font des Livres
de Philofophie, quoique le feul moyen d'en
faire de bons, foit d'étudier les affeétions
Phyfiques & Morales qui tourmentent l'homme, ou le rendent heureux.

Mais que parlez-vous, Monfieur, d'affou-   *Affoupiffe-*
piffement *apparent?* Je fuppofe que vous n'avez   *mens.*
placé cet adjeétif, dans la phrafe, que pour
lui donner la redondance dont eft jaloufe
l'oreille de tout bon Ecrivain : s'il en étoit
autrement, je ferois obligé de vous dire que
cette expreffion a choqué & du choquer des
perfonnes qui, par leur efprit, par leur rang,
par leurs richeffes, par leur pauvreté, & fur-
tout par le motif refpeétable de leur confervation qui les améne au Magnétifme Animal,
méritoient fans doute un peu plus d'égards.
Ces affoupiffemens, Monfieur, ne font pas
feulement apparens; ils font très-réels, &
point fimultanés. C'eft une épreuve par laquelle j'ai paffé, & je vous prié de croire que
je ne jouois pas un rôle diété.

Je faifirai ce moment pour me débarraffer   *Ovaires &*
d'un reproche plus férieux. La juftice que fe   *Uterus.*
fait le Public, Monfieur, fur-tout le Public

(1) Rapport de l'Académie, pag. 7.
(2) *Ibid*, pag. 7.

offenfé, eft toujours rigonreufe, & tout le monde ne connoît pas, comme moi, la bonté de votre cœur & la beauté de votre Ame. On eft encore à concevoir comment, dans un Ecrit impofant, dans un Ecrit que tout le Monde devoit lire, le fage & décent M. Bailly tenant la plume, on a pu fe permettre de faire jouer un rôle inutile & faux *aux Ovaires* & à *l'Utérus* (1). C'eft fans doute une diftraction, & même une diftraction, en quelque forte, ex-cufable dans des Médecins, qui parlent de ces fortes de chofes avec l'indifférence & l'habi-tude de leur Art. Mais, quoi qu'il en foit, MM. les Commiffaires n'ont jamais été té-moins d'Attouchemens de cette nature aux Traitemens de M. d'Eflon; &, fi jamais quel-qu'un dût être exempt d'une pareille attaque, c'eft lui?

Vifites mé-dicales.

Ici, comme dit M. de Buffon, la décence de l'expreffion doit fervir de voile à la délica-teffe du fujet. Jamais victime ingénue de l'Hymen ne reffentit, aux approches de l'Autel, plus d'effroi, ne verfa plus de larmes, que l'attendriffant objet de fouffrances cachées, à l'approche du moment où les voiles de fa timide innocence vont tomber-fous le regard immobile des Miniftres de l'Art de guérir. Les exhortations impofantes d'un Père qui cache avec foin les émotions d'un cœur agité, les tendres follicitudes d'une Mère moins maîtreffe d'elle, les encouragemens même de l'Amitié fans expérience, font autant de coups de poi-gnard qui lui percent l'âme à coups preffés &

(1) Rapport de l'Académie, pag. 48 & 52.

redoublés. Le moindre bruit qu'elle entend couvre son corps d'une sueur froide : chaque mouvement nouveau lui cause un tressaillement nouveau. Elle croit, à tous momens, entendre les pas de celui dont elle craint la préfence, à l'égal de la mort. Il arrive. Repréfentons-nous, s'il fe peut, la fcène qui va s'ouvrir. Quel art, quelle douceur, quelle connoiffance du cœur humain, quelle patience ne doit pas avoir l'Homme chargé d'un miniftère auffi délicat ! Que celui qui, dans ces momens redoutés, fit agir tous les refforts d'un Efprit doux & liant, obferva toutes les nuances d'une fenfibilité compatiffante, ne força qu'avec refpect les derniers retranchemens de la pudeur aux abois, que celui-là reçoive, en récompenfe, l'hommage de tous les cœurs vraiment honnêtes ; qu'il foit aimé de tout ce qu'il aime : qu'il foit heureux. Mais, Monfieur, on ne peut fe diffimuler que fouvent l'habitude de ces fortes de fcènes n'en faffe traiter les détails avec trop de légèreté ; & que le Peuple, trop livré parmi nous à de jeunes mains, ne foit quelquefois expofé à des manquemens encore plus effentiels.

Si quelque chofe peut & doit faire chérir la Doctrine du Magnétifme Animal, c'eft fans doute l'efpérance qu'elle nous délivrera de ces fujétions, ou du moins qu'elle les rendra beaucoup plus rares. Loin que le Magnétifme Animal ne foit fondé que fur l'Attouchement, il rend inutile la plupart des Attouchemens. J'en parlerai plus expreffément ailleurs : mais j'efpère qu'en attendant, on me permettra de citer ici une expérience qui m'appartient, & que

Plus rares par le Magnétifme.

j'ai faite avec affez d'attention pour affirmer, avec la plus grande fécurité, la certitude de fes détails : elle fuffira pour le moment.

Expérience relative.

J'arrivai, en Province, chez une Dame, le furlendemain de fa troifième couche. Dans la précédente, le lait avoit mal paffé. Dix-huit mois entiers, fon fein gauche avoit été couvert d'emplâtres ; & , pendant ce long intervalle , on avoit toujours craint d'être réduit à des opérations extrêmes. Son inquiétude fur les fuites de fa nouvelle couche étoit & devoit être grande. Elle augmenta vivement lorfque l'on s'apperçut que le même fein s'engorgeoit , & que le lait fe détournant des voies ordinaires, fe portoit vers la tête. Les chofes en étoient là quand j'arrivai ; c'étoit le foir : la Malade fit part à mon amitié de fes appréhenfions, ignorant, d'ailleurs, que je me mêlaffe de magnétifer. Dé mon côté , n'étant pas Médecin , je n'ofois me livrer à une épreuve qui me paroiffoit très-délicate ; &, dans cette incertitude, je laiffai paffer la foirée fans rien tenter. Mais, le lendemain matin , ayant bien réfumé mes idées , m'étant bien convaincu que je ne pouvois faire aucun mal, j'entrai chez la Malade : & , ayant reconnu que fon état s'étoit aggravé pendant la nuit, je ne balançai plus : je m'affis , avec l'air de l'indifférence, au pied de fon lit ; &, l'entretenant d'objets divers , & de nature à détourner fon attention de ce que je faifois, je plaçai nonchalamment mon bras fur fon lit , de manière que, fans la toucher , mon pouce fe trouva entre fes deux orteils. Pendant ce temps-là ; j'examinai tous fes mouvemens, avec une attention que je cachois fous d'autres dehors; & j'eus, un moment après, la fatisfaction d'en remarquer fur fon vifage, d'affez déterminés pour lui en demander l'explication. C'étoient des mouvemens de furprife de ce que fon lait avoit repris le cours défiré, au point de mouiller tous fes linges, & de l'obliger à changer. J'appellai fa Garde, & laiffai la Malade libre, fans m'expliquer aucunement. Pendant la journée, les chofes reprirent un mauvais cours; & moi, retournant le foir à ma fituation du matin, j'en r...irai le même avantage. Dans la nuit, la Malade fe réfroidit par imprudence. La fuppreffion reparut, & même il s'y joignit un point de côté. Je recommençai le matin à opérer; &, ayant réuffi comme la veille, je crus qu'il étoit temps de m'expliquer avec la Malade. Frappée de circonftances auffi prochaines, elle fe livra à mes foins : je lui fis, fur le champ, paffer fon point de côté, & favorifai, d'ailleurs, la Nature dans tout le refte, avec le plus grand fuccès. Remarquez, s'il vous plaît, Monfieur, avec grande attention, que j'opérai fans Attouchement, que l'Imagination n'étoit pas avertie; & je ne conçois pas comment, en tout ceci, vous trouveriez de l'Imitation.

Le feul à-propos a pu me porter à citer un fait, qui, pour toute perfonne accoutumée aux Phénomènes du Magnétifme Animal, n'a rien d'extraordinaire. Il eft, dans cette Science, des Expériences infiniment plus délicates & même infiniment plus démonftratives de ce que peut le Magnétifme fans Attouchement. Mais je me défendrai de vous en parler, ne

devant pas oublier que MM. les Commiſſaires
& moi avons une manière d'obſerver abſolu-
ment différente.

Diverſités dans la manière d'obſerver. Par exemple, ils ont obſervé (1), que des
guériſons & des effets curatifs ſont inſuffiſans
pour prouver l'efficacité d'un Remède curatif.
Moi, je penſois, avec le reſte du Monde,
que des guériſons & des effets curatifs pourroient ſeuls démontrer qu'un remède eſt curatif.

Lorſqu'ils ont été « très-curieux (2) de re-
» connoître, par leurs propres ſenſations, les
» effets annoncés du Magnétiſme Animal,
» leur premier ſoin a été, & a dû être, aſſu-
» rent-ils, de ne pas ſe rendre trop attentifs
» à ce qui ſe paſſoit en eux ». Pour moi,
j'avoue franchement que, pour démêler ce qui
ſe paſſe en moi, ma coutume eſt d'y faire
une véritable attention.

Lorſque MM. les Commiſſaires placent au
Baquet (3) « des perſonnes d'une intelligence
» capable de diſcuter leurs propres ſenſations,
» & d'en rendre compte, ils les prient d'ob-
» ſerver ce qu'elles ſentiront, mais ſans y
» apporter une attention ſuivie ». Moi,
quand je magnétiſe, ce qui m'arrive indiſpen-
ſablement quelquefois, je prie les Malades
de ne me rendre compte de ce qu'ils ſentent,
qu'après avoir porté une attention ſuivie à ce
qu'ils ont ſenti.

Chacun a ſa méthode. MM. les Commiſ-

(1) Rapport de l'Académie, pag. 11, 12, 13 & 15.
(2) Ibid, pag. 15, 16.
(3) Ibid, pag. 21.

faires de l'Académie des Sciences ont la leur.
J'ai la mienne. Pleine liberté , fans doute ;
mais , en confidérant l'importance des perfonnes , & la différence des Noms , je ne
dois pas me flatter que la Balance penche
en ma faveur ; & , c'eft parce que je fens
mon infériorité que , m'adreffant aux quatre
Commiffaires Médecins , je me permets de
leur demander comment il eft poffible qu'ayant
les fenfations de leurs Malades pour toute bafe
de l'adminiftration des Remédes qu'ils leur
répartiffent chaque jour , comment , dis-je ,
eft-il poffible qu'ils n'ofent porter un regard
affuré fur leurs propres fenfations, de manière à
les pouvoir juger fans préjugé. Il me femble que
c'eft précifément là l'état d'un Médecin. Qui
ne fait fe juger foi-même , ne jugera jamais
bien les autres ; & , certes , fi l'Humanité étoit
livrée à des Médecins qui ignoraffent ou né-
gligeaffent ces chofes, elle feroit encore plus
malheureufe que je ne le croyois.

Jufqu'à préfent , Monfieur , je n'ai fait ,
comme vous le voyez , que parcourir le Rapport de MM. les Commiffaires. Un fimple
coup-d'œil , un fimple apperçu , m'ont fuffi ;
mais , à une lecture plus férieufe de l'Ouvrage , j'ai été fingulièrement arrêté par vos
onzième & douzième pages. Ne les ayant
pas comprifes , il faut l'avouer , une première fois , je les ai recommencées ; & ,
n'ayant pas été plus heureux , il m'a fallu
procéder à une troifième lecture, que , pour
furcroît de précaution , j'ai faite à haute voix.
Cependant , même inintelligence , même dé-
faut de conception. Un ftyle coupé , me di-

Nullité de
la Médecine
fuivant le
Rapport.

fois-je ; pas une phrase qui, prise à part, ne
soit inintelligible ; & je n'entends rien au tout.
Relifons & décompofons : voyons fi je réuffi-
rai mieux.

» Des Malades, attaqués de la même Ma-
» ladie , guériffent en fuivant des régimes
» contraires «. J'entends cela fort bien ; &
même, il n'y a qu'à écouter à la fois deux
Médecins qui ne fe communiquent pas, pour
qu'il en puiffe arriver autant à une feule &
même perfonne.

« Des Malades attaqués, ce femble, de
» la même Maladie, guériffent en prenant
» des Remédes entièrement différens ». J'entends encore cela. On eft même d'accord que,
fur mille Médecins, on auroit bien de la
peine à en trouver deux qui fuiviffent exactement la même Méthode.

« La Nature eft affez puiffante pour entre-
» tenir la Vie malgré le mauvais régime ».
Voilà qui eft clair, avéré & fort heureux ;
fans quoi peu de Malades en réchappe-
roient.

« Elle eft même affez puiffante pour triom-
» pher & du Mal & du Reméde ». C'eft
évident. Si la Nature ne triomphoit pas auffi
fouvent du Mal, du Remède & même du
Médecin, pauvres Humains, que deviendrions-
nous ?

Puifque nous fommes en train, Monfieur,
vous ne trouverez pas déplacé que j'ajoute
deux Hiftoires à celles que MM. les Commiffaires nous feront bientôt eux-mêmes. Deux
célébres Médecins me font garants de l'une &
de l'autre.

Un

Un jour, ayant raffemblé quarante-huit Malades pour faire une Expérience, on fournit à vingt-quatre d'entr'eux tous les fecours de la Médecine ; il en mourut trois. On abandonna les autres à la fimple Nature, & il n'en mourut aucun.

Douze foldats attaqués d'une même Maladie, abordent un Hôpital. Six fe livrent aux Médecins, & meurent tous. Six fe jettent fur la paille, refufant tout autre fecours qu'une Jarre d'eau, & tous les fix font fauvés.

Quoiqu'il en foit, Monfieur, vos phrafes, telles que je viens de les citer, font pleines de fens & de vérité ; mais, quel rapport, s'il vous plaît, ont-elles avec la conclufion de MM. les Commiffaires ? « Comment s'affu-» rer, demandent-ils, par le traitement des » Maladies, de l'action d'un Agent, dont » l'exiftence eft conteftée, lorfque l'on peut » douter de l'effet des Médicamens, dont » l'exiftence n'eft pas un Problême » ?

Certainement, Monfieur, perfonne ne doute qu'il n'exifte de l'Emétique, de l'Opium, du Jalap, du Quinquina. C'eft de leur danger que l'on eft juftement effrayé. C'eft de leur utilité dont on doute très-légitimement.

Il en eft de même du Magnétifme Animal. Quoique MM. les Commiffaires ne s'embaraffent pas d'où vient le Fluide, ils n'en reconnoiffent pas moins *une grande puiffance qui maîtrife les Malades* ; (1) & c'eft du danger, ou de l'utilité de *cette grande puiffance*, qu'il s'agit ; pas d'autre chofe.

_____

(1) Rapport de l'Académie, pag. 7.

F

Jamais deux queſtions ne furent plus parfai-
tement égales ; & ce n'eſt qu'à l'aide d'un jeu
de mots, que le ſérieux de la choſe ne ſem-
bloit pas comporter, que l'on a pu y trouver
quelque différence ?

Il m'en a coûté une quatriéme lecture de vos
11ᵉ & 12ᵉ pages pour deviner ce que vous vou-
liez dire; mais, enfin, j'y ſuis parvenu; & je
dois cette explication aux Lecteurs qui n'ont fait
que vous parcourir. Car, parmi les autres, je doute
qu'ils'en ſoit trouvé d'auſſi peu pénétrans que moi.

Rappellez-vous, à cet effet, Lecteur, que
le Commiſſariat étoit compoſé de cinq
Membres de l'Académie des Sciences, &
de quatre Membres de la Faculté. MM. les
Académiciens, ne croyant pas à la Médecine
plus que moi, ſçavent qu'il n'y a plus aujour-
d'hui rien de piquant à dire au Public, qu'elle
n'eſt pas un beſoin, mais une foibleſſe. Rien
même de plus fade que la plaiſanterie en ce
genre, depuis qu'elle ſe trouve dans la bouche de Gens qui ſe nourriſſent de Drogues,
comme dans la bouche de Gens qui n'en pren-
nent jamais. Mais, il étoit nouveau, piquant,
& même très-piquant de faire ſigner cette
profeſſion-de-foi à des Médecins reſpectables,
& reſpectés, dans un écrit que l'Europe
alloit juger, ſuivant l'expreſſion de MM. les
Commiſſaires Académiciens. (1) Ces Meſ-
ſieurs en ont trouvé l'occaſion. Il ne l'ont pas
laiſſée échapper ; & je crois qu'à leur place, j'en
aurois fait autant.

Ce n'eſt donc pas, Lecteur, pour arriver à
la concluſion, que MM. les Commiſſaires Aca-

Sentie par
les Commiſ-
ſaires Acadé-
miciens.

Aveu des
Commiſſaires
Médecins.

_____

(1) Expoſé à l'Académie, pag. 1.

démiciens ont posé les Axiômes que j'ai cités tout-à-l'heure ; c'est pour faire passer les Axiômes qu'ils ont fait arriver la Conclusion. Grâces à eux , voilà quatre Médecins de la Faculté , bien expressément *choisis* pour la représenter , (1) qui ont reconnu authentiquement , & de manière à ne plus se rétracter , que la Médecine n'est rien. Comme les esprits se rapprochent au moment qu'on s'y attend le moins ! Je suis d'accord avec tous MM. les Commissaires.

Et pour qu'il ne manque rien à cet accord ; pour que la paix soit universelle , pour qu'elle soit à jamais scellée entre nous , voici la Faculté elle-même , voici la Faculté qui s'approche en Corps, & qui , son Décret du 24 Août 1784 dans la main, (2) « donne, d'une voix unani- » me & avec une vive satisfaction , les plus » grands éloges au travail , à la sagacité & à » la *Doctrine* de ses quatre Membres. Elle adop- » te leur Rapport avec d'autant plus d'empres- » sement, qu'il développe d'une manière aussi » lumineuse qu'énergique , une *Doctrine* qui » fut toujours la sienne ; *Doctrine* qu'elle n'a » cessé d'enseigner & de recommander ». Allons, Messieurs, la paix ! La paix ! Nous voilà tous d'accord ; nous voilà tous amis. Plus de Médecine.

Cependant , Lecteur , voyez comme MM. les Commissaires Académiciens filent adroitement la scène vraiment admirable qu'ils ont tracée. Veulent-ils nous guérir de la facilité

Aveu de la Faculté en Corps.

Expériences relatives.

(1) Rapport de l'Académie , pag. 1.
(2) Voyez ce Décret dans le Journal de Paris , du 5 Septembre 1784. *(a)*

(a) Ce Décret se trouve dans cette collection Vol. 5 n°. 54.

avec laquelle nous - nous faifons enlever de
tems en tems les chairs ou les membres ? Ils
font arriver une Demoifelle qui porte au fein
deux Glandes, qui l'inquiétent. Elle confulte
un Chirurgien qui lui prefcrit un excellent fon-
dant, & qui lui prédit que, fuivant les appa-
rences, on lui extirpera le fein un mois après,
quoique dans le fait les Glandes fuffent fufcep-
tibles de réfolution. (1)

Veulent-ils nous peindre les Maîtres de l'Art
revenus, par expérience, des préjugés de
l'Ecole ? C'eft encore la même Demoifelle
qu'ils introduifent fur la fcène avec MM. Bou-
vard & Sallin. Ces Meffieurs promettent des
remédes à la Malade, mais, en attendant, ils
lui confeillent de s'amufer de fon mieux. (2)

Veulent-ils nous faire concevoir combien
les plaifirs innocens font plus avantageux à la
fanté que toutes les Drogues de la Pharma-
cie ? C'eft toujours la même Demoifelle qu'ils
menent à l'Opéra ; & là, prife d'une toux violente, elle crache fes Glandes. (3)

Veulent-ils nous convaincre, par un retour
de pitié fur nous-mêmes & fur nos femblables, que la fimple Nature eft au-deffus de
l'Art des plus habiles Gens ? Ils nous préfen-
tent une Femme pauvre, attaquée au Gros-
Caillou, d'une Fièvre-Maligne très-bien ca-
ractérifée, refufant conftamment tout fecours,
tranquille fur la paille qui lui fervoit de lit,
buvant pour toute chofe de l'eau, & paffant,

---

(1) Rapport de l'Académie, pag. 13 & 14.
(2) *Ibid*, pag. 14.
(3) *Ibid*, pag. 14.

ainfi, jufqu'à guérifon complette, par tous les périodes d'une Maladie, qu'un Médecin fecourable n'a pu aggraver par des confeils vraifemblablement plus altérans que ceux dont la Malade fe contentoit. (1)

Veulent-ils, enfin, porter le dernier coup à la Médecine ? Veulent-ils lui dénier jufqu'à l'importance qu'elle attache à fes prétendues guérifons ? Ils lui font dire & figner à elle-même, que la guérifon des Maladies ne prouve rien en faveur de l'efficacité des Remédes. « Ces réfultats font toujours incertains, » fouvent trompeurs, » (2) difent à leur voix MM. les Commiffaires Médecins; & la Faculté en Corps, reconnoît en cela fa *Doctrine*.

Lorfque le Génie du Comique François entreprit de nous faire rire aux dépens de la Médecine & des Médecins, il plaça tout fimplement leurs propres difcours dans la bouche de fes Acteurs ; mais il n'eut jamais le bonheur, ou le talent, de prendre pour Acteurs les Médecins eux-mêmes. MM. les Commiffaires Académiciens y font parvenus. A eux la palme.

Reprenons, Monfieur, notre férieux. Convenons que, dans la plupart des difputes, on ne s'écarte autant du vrai, que parce que chaque parti fe jettant dans les extrêmes, la Vérité, fans appui, refte feule entre deux. Ainfi donc, ce feroit dépaffer les bornes de toute fageffe, ce feroit fe refufer à toute raifon, que de nier opiniâtrement l'exiftence abfolue

Défenfe de la Médecine contre MM. les Commiffaires.

de la Médecine. Elle exiſte , Monſieur : elle exiſte ſi bien , qu'elle exiſte Syſtématiquement. Non-ſeulement la Médecine eſt un ſyſtême ; mais il y a plus : elle eſt un hydre de ſyſtêmes. Aidez-moi donc , Monſieur , à convertir , ſur ce point, la Société Royale de Médecine qui porte la ſévérité juſqu'à nous vouloir priver de tout ce qui nous reſte en Médecine , en voulant bannir tout ſyſtême de ce bel Art. (1)

Doctrine de la Médecine pendant 22 ſiècles.

Eh ! s'il nous falloit paſſer par cette déciſion, que ferions-nous, je vous prie, des ſyſtèmes d'*Hypocrate*, ſur la Coction & ſur les jours Critiques : jours, tellement expliqués par *Gallien*, que, noyé dans ſes Raiſonnemens, & ne ſça-chant plus où il en étoit, il s'écria de bonne-foi : Dieux immortels ! ſoyez-moi témoins que je ne ſçais ce que je dis ? Que ferions-nous du ſyſtème des *Dogmatiques*, qui prétendoient qu'en Médecine, le raiſonnement étoit tout, & l'Expérience rien ? Que ferions-nous du ſyſ-tème oppoſé des *Empyriques*, qui ſe tuoient de raiſonner, pour prouver démonſtrativement qu'il étoit inutile de raiſonner en Médecine, & que l'Expérience y ſuffiſoit. Que ferions-nous du ſyſtème d'*Aſclépiade*, qui, banniſſant toutes les Drogues, trouvôit chaque jour une nou-velle promenade & un nouveau plaiſir pour chacun de ſes Malades ? Et de celui de *The-miſon* le Méthodique, qui, menant coucher les ſiens, tantôt au grenier, tantôt dans la cave, les faiſoit éventer avec de grands ſouf-flets ? Et de celui d'*Athénée*, qui, détruiſant d'un coup de main, l'Empire de l'Eau, de

(1) Rapport de la Société, pag. 4.

l'Air, de la Terre & du Feu, n'admettoit qu'un
Efprit qui nous faifoit fouffrir quand il fouf-
froit, & nous rendoit gais s'il l'étoit lui-même.
Et des fyftêmes de *Gallien*, qui, ne pouvant
fouffrir le Doute, comme il le difoit lui-même, expliquoit tout, même l'explication qu'il
venoit de donner ? Et des fyftêmes de *Celse*,
qui, avec une fageffe incomparable, s'efforçoit
de rapprocher des fyftêmes irraprochables ? Et
des Syftêmes des *Arabes* qui nous inondèrent
de Manne, de Caffe, de Rhubarbe, de Séné,
de Mirobolans, Confections, Conferves,
Mufcade, Macis, Cloux-de-Gérofle, Aro-
mates, Syrops, Juleps, d'Alchimie, de Rou-
geole, de Livres, & de petite Vérole ? Et
des Syftêmes de *Paracelce*, Aftrologue, Géo-
mancien, Chiromancien, Cabalifte, Magi-
cien, Grand Génie quoique fou, & qui gué-
riffoit avec de l'Opium & du Mercure, quoi
qu'il expliquât les Crifes avec du Sel ? Et des
Syftêmes de *Van-helmont*, qui créa le grand
Archée, changea la Nature en Chymifte, le
Corps Humain en Laboratoire, & remplit les
Malades, comme des Matras, d'Acides, d'Hui-
les effentielles, & d'Alcalis ? Et du Syftême juftement célébré de *Harvey*, fur la circulation
du Sang, qui n'a pas néanmoins avancé la
Médecine d'un pas ? Et du Syftême de *Defcartes*, après lequel nous ne fumes plus qu'un
affemblage difcordant de Leviers, de Coins,
de Poulies, de Réfforts ? Et du Syftême de
Sanctorius fur la tranfpiration infenfible, qu'on
ne fçait rétablir quand elle eft interceptée,
mais dont, en revanche, on fait fort bien
nous priver quand nous avons le bonheur de

la posséder ? Et des Systêmes de *Boërhave* le *Gallien* de son siécle, qui, embraffant tout, expliquant tout, embrouilloit tout ; qui Mécanicien, Anatomiste, Chymiste, Botaniste, Bibliothèque vivante, entreprit de concilier les Inconciliables Anciens & Modernes, faisoit précéder la Crise par la Coétion, & démontra si clairement la Théorie des Maladies Chroniques, que, depuis lui, on a le bonheur d'y entendre tout comme auparavant. Et du Systême de *Sthal*, qui donnoit la Fièvre à l'Ame, & lui adressoit Médecines & Lavemens ? Et des Systêmes de *Sydenham*, si respeété dans les Ecoles, & qui possédoit le secret, ignoré depuis, de tirer à son gré par la saignée toute l'Humeur Morbifique, qui, sans lui, auroit dû sortir par les Crachats ? Et des Systêmes de *Chirac*, qui, saignant, purgeant, faisant suer en tout tems & à tous propos, rendit la Médecine si claire, qu'on pouvoit y voir comme au fond d'une source d'eau Cryftaline ; qui déclara que tous ses Prédéceffeurs n'étoient que des Ignorans, que lui seul étoit un Grand homme, & qui a fini par être renvoyé, comme de raison, à ses Prédéceffeurs ? Et des Systêmes *Phisiologiques* qui ont été enfantés depuis *Pythagore*, *Alcmanon*, *Empédocle*, *Démocrite*, &c. jusqu'à *Astruc*, *Senac*, *Quesnai*, *Haller*, *Bordeu*, tant d'autres ; & dont le grand réfumé a été que toute Phisiologie n'est que vanité ; *Phisiologia vanitas* ? Et des Systêmes d'*Hygiéne*, *Pathologiques*, *Thérapeutiques*, *Anatomiques*, qui naiffent, meurent, renaiffent & meurent de nouveau chaque jour ? Et des Systêmes de...... Je m'arrê-

te, Monsieur : à peine ai-je effleuré très-légè-
rement la Matière, & cependant je m'apper-
çois que j'ai déjà l'air d'un Crieur de Lanterne
Magique, qui fait voir des Systêmes.

Laissons, Monsieur, laissons dire à la Société Royale de Médecine (1) qu'elle « n'admet
» en Physique &en Médecine, que des faits, des
» expériences, des résultats, desquels on puisse
» juger par le Rapport des sens extérieurs ».
Vous & moi sçavons qu'il est aussi facile d'é-
crire ces choses là, que difficile de les prouver ; d'ailleurs aidés de vos Collégues, & de
la Faculté de Médecine, *légitiment assemblée* à
cet effet, (2) nous avons, je crois, assez dé-
battu & apprécié la valeur de cette prétention, pour qu'il ne soit plus nécessaire d'y
revenir. Quant à moi, je l'avoue franchement, j'ai le foible des Systêmes. Raisonner
est ma manie ; & je ne crois pas qu'on puisse
le trouver mauvais dans un siécle que par
excellence on nomme le Raisonneur. Enfin,
Monsieur, j'ai tellement besoin de Systêmes,
que je vais m'attacher tout exprès à une de
vos expressions isolées, pour en discuter un.

MM. les Commissaires avancent, (3) que
« l'état de Convulsions, ou d'Assoupissement
» en quelque sorte Léthargique, produit par
» les procédés du Magnétisme Animal, est
» improprement appellé *Crise* ». Le dire n'est
rien. Le prouver eût été mieux.

Hypocrate, peu verbeux, n'a pas défini,
Monsieur, le mot *crise*. Imaginant sans doute

Nécessité de cette Doctrine.

CRISES.

Suivant Hypocrate.

_____

(1) Rapport de la Société, pag. 4.
(2) Decret de la Faculté.
(3) Rapport de l'Académie, pag. 7.

qu'il étoit impoſſible de ſe tromper à la ſignification d'un terme auſſi commun, il s'en eſt
ſervi pour déſigner indifféremment l'entier
développement, le commencement, le milieu,
la fin de toute révolution ou période, analogue à notre exiſtence, à notre conſervation,
D'Accouche- à notre guériſon. Par exemple, l'opération de
ment. la Nature, qui nous donne la vie, commence
au moment de la conception, & finit à la
ſortie de l'enfant du ventre de la Mère : ce
qui conſtitue une *criſe* parfaite, dont la durée,
les tems & les intervalles ſont aſſignés &
connus. Cependant Hypocrate dit que le ſimple
Accouchement eſt une *Criſe*; &, en cela, il a
eu raiſon, parce qu'il faut la *Criſe*, ou révolution du moment, pour terminer la *Criſe*
entière. Qui d'ailleurs n'entendroit pas cette
phraſe ? L'Accouchement eſt une *Criſe* bien
douloureuſe.

De la vie. C'eſt dans le même ſens qu'on a dit, la *Criſe*
de la vie. En effet, la vie peut être conſidérée
comme un compoſé d'époques, de périodes,
de révolutions ou de *criſes* marquées, telles
que la Naiſſance, l'Enfance, l'Adoleſcence,
la Jeuneſſe, la Virilité, la Vieilleſſe, la Mort.
Qui n'entendroit encore ces phraſes ? La Jeuneſſe eſt une *Criſe* bien dangereuſe à paſſer:
la Mort eſt une *Criſe* qui termine tout.

In état de En appliquant cette façon de parler à notre
ſanté. exiſtence journalière, nous ſommes, dans le
fait, toujours en état de *Criſe* : c'eſt-à-dire
que les travaux continus de la Nature pour
notre conſervation, quoiqu'infiniment nuan-
cés, offrent cependant des révolutions, ou
périodes très-diſtinctes. Ainſi, par un premier

Travail, ou *Crife*, fe prépare la digeftion des Alimens ; par un fecond, leur fuc fe convertit en Chyle ; par un troifiéme, le Chyle fe transforme en fang, &c. Tous ces Travaux, toutes ces *Crifes* différentes, élaborent fucceffivement nos humeurs, de manière à ce qu'elles puiffent remplir leurs deftinations différentes. Quand leurs réfultats font parfaits, la *Coction*, ou Elaboration de nos humeurs, eft parfaite. Quand ils font imparfaits, nos humeurs, faute de *Coction* ou d'Elaboration fuffifante, reftent en état de crudité ou en état d'élaboration imparfaite ; d'où leur eft venu le nom d'humeurs *Crues* ou de *Crudités* ; & d'où l'on voit que Boërhave ne s'entendoit guère, quand il a dit que la *Coction* prépare la *Crife*. Elle en eft le réfultat.

Paffons à l'état de Maladie, auquel le mot *Crife* eft plus particuliérement affecté : toujours même fignification. En état de maladie.

Notre Nature eft affujettie à une marche conftante, qui, fi elle n'étoit jamais troublée, nous meneroit progreffivement, c'eft-à-dire en parfaite fanté, du terme de la Naiffance au terme de la Mort. Lorfque fa marche. eft troublée par quelqu'accident, ou quelqu'obftacle confidérable, elle fait effort pour reprendre fon premier cours ; & cet effort s'appelle proprement *Crife*. Ainfi la *Crife*, proprement dite, n'eft autre chofe que le Travail, l'effort de la Nature, pour fe dégager des embarras ou des obftacles qui la gênent, ou qui la détournent de fon vrai cours. Ces efforts font quelquefois violents, quelquefois doux ; & leurs fignes ou *fymptômes* très-variés. Mais

qu'ils fe manifeſtent par la Fiévre ardente, par
le Délire, par la Toux, par les Hocquets, par
les Pleurs, par les Ris, par l'Affoupiſſement,
par le Sommeil ou autrement; l'effort de la
Nature, fon Travail, la *Criſe* en un mot, n'en
exiſtent pas moins, & n'en font pas moins
néceſſaires au rétabliſſement de la fanté. Ce qui
a fait dire à M. Meſmer, qu'il ne pouvoit y
avoir de guériſon fans *Criſe*; axiôme vraiment
fimple, & tellement fimple, que, pour le dénaturer, il a fallu interpréter le mot *Criſe* par
celui de *Convulſions*. Ne diroit-on pas que
M. Meſmer, ou M. d'Eſlon, ont prétendu
qu'on ne pouvoit être guéri d'aucune Maladie
fans Convulſions ? Ce feroit une abfurdité
évidemment en oppoſition à ce qui fe paſſe à
leurs Traitemens, où, quoi qu'on publie, il y
a bien moins de Convulſions qu'on ne le croit
communément.

Leur Doc-
trine. De même qu'en état de fanté, une Enfance
bien faine préfage une heureuſe Adoleſcence,
& qu'une heureuſe Adoleſcence annonce une
vigoureuſe Jeuneſſe; de même Hypocrate re-
marqua qu'en état de maladie, la *Criſe* d'un
certain jour annonçoit la bonne ou mauvaiſe
iſſue de la *Criſe* d'un autre jour; celle-ci une
troiſiéme, &c. L'étude approfondie de ces
Phénomènes lui apprit à prédire, avec quelque
certitude, non-feulement les événemens qui
ont lieu dans le cours de la maladie; mais le
fuccès bon ou mauvais de la maladie même.
Delà vint naturellement l'habitude de *juger*,
à l'aide de l'Expérience, la Maladie, à la fin
de chaque *criſe*; & delà vint encore qu'Hypocrate, pour fignifier que la *Criſe* avoit été

favorable ou défavorable, se servit assez communément du mot *jugement*, pour dire que, d'après l'issue d'une *Crise*, il *jugeoit* la Maladie favorablement ou défavorablement. Telle est la base de la fameuse Doctrine d'Hypocrate sur les jours *critiques* ; seule Doctrine qui ait encore existé en Médecine.

Mais ce système, tout admirable qu'il soit, est nécessairement imparfait, même en système. Dans la pratique, il ne peut être mis à exécution qu'à l'aide d'un jugement profond, d'un discernement exquis, d'une patience & d'une résignation dont bien peu d'hommes sont capables. Aussi la Doctrine d'Hypocrate fut-elle bientôt abandonnée, comme trop difficile à suivre. On trouva plus court & plus aisé de donner des Drogues, & de se perdre en vains raisonnemens, que de s'embarrasser de la Nature.

Gallien, qui vint environ six-cents ans après Hypocrate, trouva la Médecine dans la plus grande confusion. Doué d'un assez grand esprit, pour sentir qu'il falloit nécessairement revenir à Hypocrate, il entreprit de l'expliquer & de le commenter. Malheureusement il étoit aussi grand définisseur qu'Hypocrate l'étoit peu. *Crise*, dit-il, est un mot du Barreau, qui signifie en Grec *Jugement*. Ainsi, *Crise* ou *Jugement*, c'est la même chose.

Il ne se contenta pas de cette belle définition : il voulut peindre la *Crise*. Suivant lui, elle est précédée d'un dérangement dans les fonctions ; la respiration devient difficile, les yeux étincelans : on souffre de l'estomach & du col, on pleure, on est altéré, on s'assoupit,

Crises, suivant Gallien.

on dort, on faigne du nez, on vomit, on a
des tumeurs, &c. &c. C'eſt ainſi que Gallien,
à force de parler, ne diſoit rien; car tous ces
ſymptômes, & nombre d'autres, peuvent,
chacun à part, être l'effet d'une criſe, comme
ils peuvent ſe réunir dans une ſeule. Mais rien
de tout cela n'eſt la *Criſe*; elle eſt la cauſe d'un,
de pluſieurs ou de tous ces effets : en un mot,
elle n'eſt que le Travail de la Nature, que,
ſuivant Hypocrate, on ne peut connoître que
par *des changemens, qui, dans la Maladie,
paroiſſent différens des Phénomènes qui accom-
pagnent la Santé.*

Gallien fut un peu plus heureux, en comparant la *Criſe* à un *Combat* entre la Nature &
la Maladie, dans lequel la Nature peut vaincre
ou ſuccomber. Mais, au lieu de ſuivre ſon
idée, il s'abandonna, à ſon ordinaire, à des
diſtinctions futiles, & s'épuiſa pour nous apprendre qu'il y a des *Criſes* bonnes ou mau-
vaiſes, parfaites & imparfaites, des *Criſes*
aſſurées & non aſſurées, des *Criſes* ſenſibles &
inſenſibles, des *Criſes* d'expectoration, de
ſueur, d'hémorragie, &c. &c.

Si, demandant à un Général, ce que c'eſt
qu'une Bataille, il s'aviſoit de répondre qu'il
faut diſtinguer, entre Victoire & Défaite,
qu'il y a des Batailles ſur Terrein avantageux
& ſur Terrein déſavantageux, qu'à la ſuite
d'une Bataille on peut conquérir une Ville, ou
perdre tel Pays conquis; ce Général pourroit
dire des choſes très-ſçavantes, & même être
un très-bon Général ; mais certainement il
n'auroit pas dit ce qu'eſt une Bataille plus que
Gallien n'a dit ce qu'eſt la *Criſe.*

Faites paſſer, Lecteur, par le Jargon de
l'Ecole, tout le Bavardage de Gallien, joint
au Bavardage d'Ariſtote mal interprété; &
alors vous aurez peut-être une légère idée des
malheurs que le ſeul mot *Criſe* doit avoir
coûté à l'Humanité : &, ſi vous croyez que
nous ſoyons débarraſſés de tous ces abus de
mots, ouvrez, je vous prie, le Rapport de
MM. les Commiſſaires de la Société Royale
de Médecine, *page* 26; vous y trouverez les
mots *Criſe*, *Jugement*, *Combat*, à-peu-près em-
ployés comme dans Gallien : vous y trouverez
même que, dans le ſens littéral, *Criſe* eſt
ſynonime de *Combat*, quoique Gallien, natif
de Pergame, où l'on ne parloit que Grec, nous
ait aſſuré qu'il étoit ſynonime de *Jugement*.
Cependant je laiſſe cette importante diſcuſſion
à de plus habiles que moi : je ne ſçais pas le
Grec.

Concluons : la *Criſe*, avons-nous dit, eſt le
Travail de la Nature, pour ſe dégager des
embarras ou des obſtacles qui la gênent, ou
qui la détournent de ſon vrai cours. MM. les
Commiſſaires pourroient-ils nous dire d'après
quelle autorité ils ont décidé que les Effets
Magnétiques n'étoient pas des Efforts de la
Nature pour reprendre ſon vrai cours ? Ils n'ont
ſuivi aucun Traitement curatif : ils ne ſe ſont
pas placés pour ſçavoir ce qui en eſt ; ainſi donc,
ils ont préjugé, & non examiné la queſtion.

Cependant ils ont adopté l'expreſſion *Criſe*
pour déſigner l'état de Convulſions, ou d'aſſou-
piſſement en quelque ſorte léthargique, pro-
duits par les procédés du Magnétiſme Ani-

Suivant la Société Royale de Médecine.

Criſes Magnétiques.

Criſes de Convulſions.

mal (1). Peut-on leur demander encore d'après
quelle autorité ils ont rayé du nombre des
Crifes, *les repos profonds*, les accès de Froid,
de Chaleur, de Sueurs, les Expectorations
faciles & abondantes, les Agitations intérieures & extérieures non convulfives, &c. &c. (2)?
N'ont-ils pas encore préjugé la queftion, au
lieu de l'examiner ?

Je fçais que, dans le Public, on ne défigne
communément, par *Crife Magnétique*, que les
grands mouvemens de certains Malades. Mais
des Sçavans, des Médecins, des Commiffaires,
n'étoient-ils pas en droit d'analyfer les opinions du Vulgaire ?

Cependant leur Rapport ne parle que de
Convulfions, comme le Vulgaire : on diroit
que nous ne fommes que des Convulfionnaires.
Peut-être devions-nous nous attendre que des
Perfonnages auffi graves, loin d'accréditer ou
de confirmer cette opinion dans le Public,
auroient cherché à la détruire ; & certainement ils s'en feroient fait un plaifir & un
devoir, s'ils avoient fuivi avec attention les
Traitemens de M. d'Eflon. En comparant le
nombre des Malades à Convulfions à celui des
Malades qui n'en ont pas, la première efpèce
eft très-rare. Seulement la nature de leurs maux
les met plus & plus long-tems en évidence.
Comme ces maux tiennent à des principes
anciens, invétérés, compliqués, quelquefois
même héréditaires, leurs caufes exigent, pour

_____

(1) Rapport de l'Académie, pag. 7.
(2) *Ibid*; pag. ; & 6.

être

être déracinées, de longs efforts ; & conséquemment les Malades ne peuvent être guéris, s'ils
peuvent l'être, qu'après beaucoup de tems : &
c'est ainsi que, les mêmes personnes reparoissant
toujours, on croit, au premier aspect, que le
nombre en est très-considérable.

Mais ces Convulsions elles-mêmes, pourquoi ne sont-elles pas des Crises ? J'ai long-
tems douté de leurs bons effets ; mais enfin
j'ai vu des Guérisons procurées par ce moyen,
& ne me rappelle pas en avoir vu des Effets
fâcheux. Cependant la longueur de ces Maladies auroit été, il faut en convenir, un grand
inconvénient, si, dans l'Examen du Magnétisme Animal, on n'avoit voulu admettre en
preuve que des Guérisons achevées. En quoi
M. d'Eslon me paroît avoir raisonné sagement,
lorsqu'il a insisté sur la nécessité de s'attacher
presqu'exclusivement à l'Examen des Traitemens curatifs. En effet, si le Malade qui
arrive aux Traitemens du Magnétisme Animal,
avec plusieurs causes graves de maux, a le
bonheur d'en voir successivement disparoître
plusieurs, il devient de présomption bien
forte, que les mouvemens violens, qu'on lui
a procurés, lui ont été avantageux. Vous sçavez, Monsieur, que c'est en rassemblant &
accumulant les présomptions, que l'on parvient
à établir l'existence de certaines Vérités. Vous
n'avez pas d'autre certitude que la Terre
tourne sur elle-même & autour du Soleil ; &
cependant vous ne doutez pas, le moins du
monde, que la Terre ne tourne sur elle-même
& autour du Soleil. Enfin, Monsieur, si le

G

Malade, expofé à de fortes commotions, au lieu de s'affoiblir, en voyant difparoître fes maux, reprend des forces & de la vie ; fi, pour ainfi dire, il fe fent régénérer, il y a démonftration complette que ces mêmes mouvemens ne lui ont pas été dangereux.

Rapprochement d'Hypocrate & de M. Mefmer. J'ai placé quelques idées de M. Mefmer à côté de celles de Defcartes & Newton : plaçons-le à préfent auprès d'Hypocrate.

Rappellons-nous, à cet effet, qu'Hypocrate a trouvé & décrit la marche des *Crifes* dans les Maladies aiguës, & qu'il s'eft arrêté là. Dans ces Maladies, dit-il, la Nature feule guérit. Elle a de la force ; elle fait elle-même la plus grande partie de l'ouvrage : il n'y a qu'à l'aider. Mais, dans les Maladies Chroniques, ce grand Homme ne vit que les bornes de fon Art. En effet, les retours périodiques y font trop variés & trop incertains pour être faifis, trop longs & trop compliqués pour être étudiés, trop foibles pour être apperçus. Tandis que la Nature ne fait que des efforts infuffifans pour retourner à la Vie, elle ajoute, chaque jour, un autre pas à ceux qu'elle a déja faits vers la Mort. Toujours trainans, toujours languiffans, nous nous voyons mourir, fans fçavoir comment nous mourons. Auffi, dans ces cas malheureux & trop fréquens, Hypocrate défendoit-il expreffément les Remèdes, & ne prefcrivoit-il que Régime, Exercice, Bains, Frictions & Patience. Depuis fa mort, rien n'a été ajouté à la Médecine.

Arrivé enfin M. Mefmer : a-t-il découvert un Agent qui, renforçant la Nature, accélère

& redouble ses efforts ? C'est la question : car, si les efforts de la Nature renforcée sont accélérés, elle ne peut, suivant l'impulsion première qu'elle a reçue, faire autre chose que retourner vers la Vie; c'est-à-dire, car il faut se bien entendre, qu'elle doit nécessairement reprendre la marche progressive par laquelle, dès le moment de notre Naissance, elle nous méne progressivement de la Vie à la Mort; marche qui seule constitue la Vie & la Santé. Ainsi donc, si M. Mesmer n'est pas dans l'erreur, il aura porté le Système des *Crises* dans le champ des Maladies Chroniques; ce dont Hypocrate avoit désespéré : alors il seroit le vrai, le seul Successeur de ce grand Homme; &, par la suite, on compteroit, en Médecine, HYPOCRATE, M. MESMER; &, dans l'immense intervalle de vingt-deux Siécles, qui sépara leur existence, RIEN.

Le Magnétisme Animal est, à présent, en beaucoup de mains; & l'on compte au nombre de ceux qui l'administrent, des Personnes très-éclairées. Aucune d'elles ne doute de la nécessité des *Crises*; mais il y a deux voix sur celles qui déterminent les Convulsions. On les craint; on juge possible & essentiel de les détourner. D'un autre côté, ce qui effraie le plus, n'est pas toujours, comme on sçait, le plus dangereux. M. Mesmer croit ces Crises nécessaires; & sa voix est ici du plus grand poids. Cependant, c'est à l'Expérience à décider : mais elle n'y parviendra, avec sagesse, qu'en des tems moins agités. Puisse-t-on porter, dans cette discussion, plutôt l'amour du Vrai, que le desir de briller par l'esprit!

Ce qu'est le Magnétisme, suivant le Rapport.

Les espérances flatteuses que nous avions conçues de M. Mesmer, MM. les Commissaires les détruisent en trois mots : ATTOUCHEMENT, IMITATION, IMAGINATION. Le dernier, surtout, leur est extrêmement cher : C'est, disent-ils (1), l'Imagination que l'on observe les jours de Bataille, ainsi que les Tambours, le Canon & la Mousqueterie. C'est elle qui encourage le Soldat à charger ; c'est elle qui le détermine à fuir ; c'est elle qui fait naître les Révoltes ; c'est elle qui enfanta les Trembleurs des Cévennes ; c'est elle qui commanda tous les prodiges de l'Art Militaire, sous les noms d'Alexandre, du Roi de Prusse & du Prince Henri (2). MM. les Commissaires auroient pu épargner tout ce bruit à Gens dont ils croient la tête un peu fêlée.

Suivant M. Mesmer.

Permettez-moi, Monsieur, de vous détromper. Mes connoissances en Magnétisme Animal, ne sont pas des plus étendues ; mais j'en sais assez pour vous assurer qu'il n'est ni Bataille, ni Tambour, ni Canon, ni Trembleur des Cevennes, ni Soldat, ni un Alexandre, ni tout autre Héros de ce Siècle. Il est possible que M. Mesmer se trompe ; mais, enfin, il s'éloigne moins de la vraisemblance, quand il dit que le Magnétisme Animal est la propriété que l'Homme a d'être soumis à l'influence des Corps célestes. C'est par l'intermédiaire d'un Fluide universellement répandu, que cette action se transmet d'un Corps à un autre, ainsi que j'en ai suffisamment démontré la possibilité & même la né-

(1) Rapport de l'Académie, pag. 53 & 54.
(2) Exposé à l'Académie, pag. 13. *Voy. S. n:54.*

cessité dans ma première Partie, en m'aidant
de Descartes, de Newton & de M. Mesmer.

Mais, comment ce Fluide peut-il agir dans
ce que vous désignez par le mot Attouchement? J'aime cette cause, Monsieur. Purement Physique, elle est plus à ma portée que
les hautes spéculations de votre brillante Imagination. Je me plais à aller terre à terre ;
& vous ne trouverez pas mauvais, sans doute,
que je vous ramène un moment à cette humble
allure.

Suivant MM. les Commissaires (1), « l'At-
» touchement Magnétique se porte aux Hypo-
» condres, au creux de l'estomach, & sur le
» *Colon*, intestin immédiatement placé sous
» les Tégumens, très-sensible & très-irritable.
» Le mouvement seul répété sur ces parties,
» sans autre Agent, excite l'action musculaire
» du *Colon*, & alors il se gonfle plus ou moins,
» & prend quelquefois un volume considéra-
» ble. Alors il communique au Diaphragme
» une telle irritation, que cet Organe, entre
» plus ou moins en convulsion. Il en est de
» même de l'Estomach : les Mains, les Doigts,
» pressant, plus ou moins, ces différentes ré-
» gions, il en résulte les accidens nerveux
« dont on vient de parler. Enfin, la pratique
» du Magnétisme Animal n'est pas autre chose
» que cette manœuvre ; & *cette manœuvre,*
» *la Nature semble l'indiquer comme par instinct*
» *aux Hypocondriaques* ».

Il n'est pas douteux, Monsieur, que l'excessive irritabilité d'Organes sensibles ne puisse

Sidenotes:
Attouche-
ment.

Sa défini-
tion, suivant
le Rapport.

Première
Expérience ac-
cordée.

(1) Rapport de l'Accadémie, pag. 48, 49 & 50.

produire les effets que vous dépeignez ; & même, ces accidens ne font pas particuliers au feul Eftomach, au feul *Colon.* Un Panaris au bout du doigt peut les occafionner. Ainfi donc, j'accorde, fans peine, qu'un des Commiffaires ait vu (1) une femme dont le Diaphragme & le *Colon* étoient fi fenfibles, que le plus léger attouchement fur ces Parties, la fimple commotion de l'air, un bruit imprévu, la faifoient tomber en convulfion. Je ferois même étonné que, parmi MM. les Commiffaires, il en fût un feul qui n'eût pas été quelquefois témoin de Phénomènes malheureufement auffi communs.

Seconde.   J'accorde encore, mais uniquement pour abréger, que ce qu'éprouva la Femme Magnétifée chez M. Jumelin (2), étoit dû à de pareilles caufes. Je dis, pour abréger, car il me feroit aifé de prouver, d'après votre récit même, que cela n'eft, ni n'a du être.

Aveu contradictoire des Commiffaires.   Mais, que conclure de ces cas particuliers ? Vous leur oppofez vous-même une règle générale qui détruit tous vos raifonnémens. *La Nature*, dites-vous, *femble indiquer cette manœuvre comme par inftinct aux Hypocondriaques.* Si la Nature, dans fa fimplicité, ordonne cette manœuvre, cette manœuvre ne peut être réputée dangereufe. Et, quoiqu'il en foit, il ne doit pas manquer, dans Paris, de gens qui l'ayent exécutée. Qu'on leur demande s'ils font tombés, pour cela, en convulfion ?

Les Commiffaires condamnés par l'Ufage.   Par les confeils du Médecin, par goût de propreté, uniquement par fatisfaction, Paris

---

(1) Rapport de l'Académie, pag. 49.
(2) *Ibid*, pag. 3, 28, 29, 30 & 50.

est également rempli de personnes qui se font, chaque jour, brosser, ou frotter avec des étoffes de laine. Tombent-elles en convulsion ?

Dans les Maladies Chroniques, où le sage Hypocrate, ne connoissant aucun Remède, prescrivoit les frictions, dira-t-on qu'il prescrivoit des convulsions ? *Par Hypocrate.*

Les Médecins suivent encore la même Méthode. En ordonnant des frictions, ont-ils pour coutume de prescrire le soin de s'épargner l'Estomach & le *Colon*; ou bien, prescrivent-ils des Convulsions ? *Par toute la Médecine.*

Ce seroit abuser de la patience du Lecteur, même de celles de MM. les Commissaires, que de réfuter plus longuement une proposition qui ne laisse à l'Esprit d'autre impression que l'étonnement de l'avoir lue dans un Ouvrage tel que leur Rapport.

Aussi, Monsieur, pour donner quelque valeur à cette proposition vraiment extraordinaire, il a fallu dénaturer les Faits. Où MM. les Commissaires ont-ils vu qu'on procédât au Magnétisme Animal par des *pressions plus ou moins fortes, par des compressions fortes & continuées, en comprimant l'Estomach*? Rien de plus léger & de plus doux que les Attouchemens Magnétiques; à moins, cependant, de quelques exceptions, qui rentrent dans l'ordre des frictions usitées dans la Médecine ordinaire. L'Exemple d'un de vos Collègues prouvera, Monsieur, combien cette Thèse étoit difficile à soutenir. *Vices de leur définition.*

« Aucun des Commissaires, est-il dit (1), n'a *Expérience relative.*

_____

(1) Rapport de l'Académie &c. &c. 18.

G iv

» rien senti, mais l'un d'eux a éprouvé une
» légère douleur au creux de l'Eftomac, à la
» fuite de la *forte preffion* qu'on y avoit exer-
» cée. Cette douleur a fubfifté tout le jour &
» le lendemain, & elle a été accompagnée d'un
» fentiment de *fatigue & de malaife* ». Certaine
ment, une douleur qui procure pendant deux
jours un fentiment *de fatigue & de malaife*, ou
n'eft pas légère, ou, fi elle eft *légère*, n'a pas
été occafionnée par une *preffion forte*. Dans la
vérité du fait, ce Commiffaire, quoique légèrement touché, comme le refte du Monde,
a éprouvé un dérangement marqué. Il a de-
mandé grâce au même moment, a répété cette
prière, même quand on n'a plus fait que lui
préfenter le Doigt de loin; & M. d'Eflon,
toujours honnête, s'eft arrêté.

Incrédulité
en Magné-
tifme.

J'ai connu, Monfieur, beaucoup d'Incré-
dules en Magnétifme Animal.

Première
Claffe.

Les uns y arrivant fans y croire, & n'y fen-
tant rien, s'en retournoient fans y croire;
c'eft dans l'Ordre. Dans cette Claffe, on peut
ranger la Dame que vous citez, *page 21*; &
qui, fuivant votre obfervation, s'eft mife aux
Traitemens avec une grande incrédulité, &
n'y a rien fenti.

Deuxième.

J'en ai vu qui éprouvoient des effets fenfibles, les avouoient, & néanmoins fe retiroient en difant : Il faut voir. C'eft dans cette
irréfolution que j'ai paffé dix-huit mois de
ma vie; mais il faut obferver que je n'étois
chargé d'aucun examen, & que l'on ne m'a-
voit confié aucun Principe Magnétique.

Troifième.

J'en ai vu d'autres, faire tous leurs efforts
pour cacher ce qu'ils fentoient, & qui, forcés

par la douleur à des aveux positifs, ne s'en retiroient pas moins, dans la résolution de maintenir à tout jamais qu'ils n'avoient rien éprouvé. Sur cet article, Monsieur, point d'application.

J'en ai vu enfin, qui, ne pouvant se refuser à l'évidence des faits, en cherchoient des causes hors du prétendu Magnétisme Animal, & qui, doués du jugement le plus sain, se contentoient néanmoins des raisons les plus frivoles, pourvû qu'elles ne fussent pas prises dans un ordre de choses qui leur fût inconnu jusqu'alors. Vous me permettrez, Monsieur, de vous placer dans cette Classe avec MM. les Commissaires ; ce que je ne ferai cependant pas, sans ajouter l'Exemple à la Proposition : Exemple que je prendrai soigneusement & uniquement dans le Rapport même. *Quatrième.*

PREMIER EXEMPLE. (1) M. M***. à une tumeur froide sur toute l'articulation du Genou qui lui occasionne des douleurs à la Rotule. On proméne devant le Genou malade un Doigt Magnétique, & alors le Malade *croit* sentir une légère chaleur à l'endroit de ses douleurs habituelles.—Voilà le fait : voici l'explication qu'en donnent MM. les Commissaires. « La chaleur que M. M***. a senti » à la Rotule, est un effet léger & *fugitif*. On » peut *soupçonner* qu'il vient de trop d'atten-» tion à s'observer ». — A présent, ôtons l'explication & le *soupçon* ; il restera en fait, que M. M***. a senti sans qu'on le touchât. Car *Première expérience.*

_____

(1) Rapport de l'Académie, pag. 21 & 24.

croire fentir un mouvement *fugitif*, c'eft fentir.

Deuxième. SECOND EXEMPLE. (1) Madame de V***, a été plufieurs fois fur le point de *s'endormir* pendant qu'on la Magnétifoit. Magnétifée pendant une heure dix-neuf minutes, fans interruption, & le plus fouvent, par l'application des mains, elle a éprouvé *feulement de l'agitation & du malaife.* — Voilà le fait : voici l'explication qu'en donnent MM. les Commiffaires. « » L'affoupiffement éprouvé par Madame de » V***. vient, *fans doute*, de la conftance & » de l'ennui de la-même fituation. Si elle a eu » quelques mouvemens *vaporeux*, on fait que le » propre des affections de Nerfs eft de tenir » beaucoup à l'attention qu'on y fait ; il fuffit » d'y penfer, ou d'en entendre parler pour les » faire renaître. On peut juger de ce qui doit » arriver à une Femme dont les Nerfs font très- » mobiles, & qui, Magnétifée pendant une » heure dix-neuf minutes, n'a pendant ce tems » d'autre penfée que celle des maux qui lui » font habituels ». — A préfent, ôtons l'explication & le *fans doute*, il reftera en fait que Madame de V***. s'eft affoupie, a eu des agitations, des malaifes, des mouvemens vaporeux : ce qui s'appelle fentir, & même d'une manière affez variée.

Troifième. TROISIÈME EXEMPLE. (2) François Grenet, a les yeux malades, particulièrement l'œil droit. Quand on a Magnétifé l'œil gauche, en agi-

---

(1) Rapport de l'Académie, pag. 8, 21, 14 & 25.
(2) *Ibid*, pag. 19, 20 & 25.

tant le pouce de près, & affez long-tems, il a
éprouvé de la douleur dans le Globe de l'œil,
& l'œil a larmoyé. Quand on a Magnétifé l'œil
droit, il a fenti la même douleur à l'œil gauche. — Voilà le fait : voici l'explication
qu'en donnent MM. les Commiffaires. « Sans
» doute, François Grenet a éprouvé de la dou-
» leur à l'œil, & un larmoiement, parce que
» l'on a approché le pouce trop près de l'œil ».—
A préfent, ôtons l'explication & le *fans doute*,
il reftera en fait, que Grenet a éprouvé à la
fimple approche du doigt, & fans qu'on le
touchât, de la douleur dans le Globe de l'œil,
& que fon œil a larmoyé ; ce qui s'appelle
fentir.

QUATRIÉME EXEMPLE. (1) La Femme Charpentier, a deux Defcentes & le ventre d'une
fufceptibilité fi grande, qu'elle ne peut fup-
porter les cordons de la ceinture de fes jupes.
La preffion des Doigts lui a été douloureufe.
En dirigeant le Doigt fur la Defcente, elle
s'eft plainte de douleur de Tête. Le Doigt
étant *placé* devant le Vifage, elle a dit qu'elle
perdoit la refpiration. Au mouvement réitéré du
Doigt du *haut en bas*, elle avoit des mouvemens précipités de la Tête & des Epaules,
comme on en a d'une furprife mêlée de
frayeur, & femblables à ceux d'une perfonne
à qui l'on jetteroit quelques gouttes d'eau froide fur le Vifage. *Il a femblé* qu'elle éprouvoit
les mêmes mouvemens, ayant les yeux fermés.
On lui a porté les Doigts fous le nez, en lui
faifant fermer les yeux ; elle a dit qu'elle fe

trouveroit mal, si on continuoit.—Voilà le fait:
voici l'explication qu'en donnent MM. les
Commiffaires ». La Femme Charpentier s'eft
» plainte qu'en touchant à *l'Eftomach*, la pref-
» fion répondoit à fa Defcente, & cette pref-
» fion *peut* avoir produit une partie des effets
» que la Femme à éprouvé ; mais les Commif-
» faires ont *foupçonné* que ces effets avoient été
» augmentés par des circonftances morales. Qu'on
» fe repréfente la pofition d'une Perfonne du Peu-
» ple, *par conféquent ignorante*, attaquée d'une
» Maladie, & défirant de guérir, amenée avec
» appareil devant une grande Affemblée, com-
» pofée en partie de Médecins, où on lui ad-
» miniftre un Traitement tout-à-fait nouveau
» pour elle, & dont elle fe perfuade d'avance
» qu'elle va éprouver des prodiges. Ajoutons que
» *fa complaifance eft payée*, & qu'elle croit nous
» fatisfaire davantage, en difant qu'elle éprouve
» des effets, & nous aurons des Caufes Naturel-
» les pour expliquer ces effets. Nous aurons *du*
» *moins* des raifons légitimes *de douter* que leur
» vraie caufe foit le Magnétifme ». — A préfent,
ôtons l'explication, les *il a femblé*, les *on a*
foupçonné, *la complaifance payée*, il reftera que
la Femme Charpentier a fenti l'impoffible à la
fimple direction du Doigt, quand le Doigt a
paffé de haut en bas fans la toucher, quand
on le lui a placé fous le nez, les yeux
fermés.

Cinquième.   CINQUIÈME EXEMPLE. (1) Jofeph Ennuié,
a fenti des effets du même genre que la Femme Charpentier, mais beaucoup moins mar-

---

(1) Rapport de l'Académie, pag. 21 & 25.

qués. A la suite de cette Expérience, MM. les Commissaires ne donnent aucune explication ; mais, Joseph Ennuié a senti des effets marqués du même genre que la Femme Charpentier, & l'on peut éprouver beaucoup, sans éprouver autant qu'elle.

MM. les Commissaires paroissent fort étonnés (1) que les personnes choisies dans la classe *ignorante* du Peuple, conséquemment hors d'état d'inventer ce qui tient à la Science, soient les seuls qui ayent senti quelque chose, tandis que *ceux d'une classe plus élevée & doués de plus de lumières, n'ont rien éprouvé.* Pour lever cette difficulté, ces Messieurs jugent à propos de recourir à l'Imagination. (2) Nous les suivrons bientôt. Il suffit pour le moment d'observer qu'il n'est pas exact de dire que la classe élevée n'a rien senti, puisque le mouvement *fugitif* de M. M***. les Assoupissemens, les Agitations, les mal-aises de Madame de V***. prouvent le contraire.

En rapportant, Monsieur, les effets de la simple approche ou de la simple direction du Doigt, vous venez de prouver vous-même que l'Attouchement n'est pas nécessaire dans le Magnétisme Animal. En effet, c'est un secours, même un secours utile, mais ce n'est pas le fonds de la Science.

Suite de l'Attouchement.

On sait que l'Aiguille aimantée tourne vers le Pôle sans aucune espèce de contact. On sait que lorsqu'un Aimant n'est pas doué d'une action assez forte pour affecter sensiblement une

Comment opère le Magnétisme.

---

(1) Rapport de l'Académie, pag. 25.
(2) *Ibid*, pag. 27.

aiguille placée, par exemple, à un pouce de
diſtance, il peut cependant l'enlever ſi on place entre deux une ſeconde aiguille, qui, lui
ſervant de conducteur, facilite la communication. On ſait que, lorſque i'on touche une
barre de fer avec un Aimant vigoureux, la
communication entre ces deux Corps eſt telle
qu'il y a adhérence, & qu'il s'enlévent réciproquement. On ſait que le jeu de ces Phénomènes eſt encore plus actif entre deux pièces
aimantées. On ſait, enfin, que l'Electricité
offre des effets analogues, & ſe communique,
au moyen de conducteurs, à des diſtances très-
conſidérables; &, ſans conducteur, à des diſtances remarquables.

Il en eſt de même, Monſieur, dans le Magnétiſme Animal. Il opère par le contact immédiat, à l'aide de conducteurs, ſans intermédiaire; &, il y a de plus, l'action incom-
menſurable de la volonté de l'Etre penſant.

Simplicité de
cette Cauſe.
Il ſembleroit au premier aſpect, que, pour
des Perſonnes accoutumées aux Phénomènes
Electriques, Magnétiques, Chymiques, &c.
il n'y a qu'un pas à faire pour en conclure que,
d'homme à homme, il doit exiſter des affini-
tés ſemblables ou analogues. Point : ce ſont
ces mêmes Perſonnes qui ont l'éloignement le
plus décidé pour une conſéquence auſſi rai-
ſonnable. Qu'une Pierre brute, qu'un morceau
de Verre frotté, de la Réſine, des Métaux, des
Liqueurs jouiſſent de ces propriétés, c'eſt
dans l'ordre; mais que l'Homme, Corps or-
ganique & organiſé, Corps vivant, Corps
agiſſant, & conſéquemment Corps le plus ſuſ-
ceptible qui exiſte; que l'Homme, dis-je, jouiſſe

de facultés pareilles , cela paroît hors de vraisemblance aux Sçavans. C'est un étrange pa-
radoxe que celui de M. Thouret dans ses
Doutes & Recherches sur le Magnétisme Animal.
Il prétend que ce que nous sentons nous-mêmes , & en nous-mêmes , est , de toutes les dé-
monstrations , la moins concluante. (1) Suivant
lui , il vaut mieux s'en raporter à un morceau
de Métal qu'à notre propre sentiment , qu'à
notre perception immédiate. Que répondre à
de pareilles assertions , quand on voit MM. les
Commissaires prétendre que , pour juger de la
bonté d'un Remède curatif , il faut avant tout
rejetter l'examen de ses effets curatifs ? Le besoin de raisonner peut encore se faire sentir ,
mais la force manque.

Ce n'est pas que le Magnétisme Animal Ses difficultés.
n'offre des difficultés très-raisonnables à l'Esprit. Une des premières est son inaction apparente sur les Personnes en santé. Voici , à-
peu-près , la raison que M. Mesmer donne de
ce Phénomène. (2)

Lorsque notre Corps est en parfaite harmonie dans toutes ses Parties , il est nécessairement
en dés-harmonie avec la cause uniforme &
générale qui entretient sa Vie ; ainsi , il doit
être insensible au Magnétisme animal , s'il est
vrai que le Magnétisme Animal ne soit lui-
même que la direction de cette cause. Une
action uniforme & générale , dit M. Mesmer ,
ajoutée à un Corps en harmonie avec elle , ne

_____

(1) Recherche des doutes sur le Magnétisme Animal , pag. 235 ,
16, 237, 238, 239 & 240. *Vol. 2. II. 37.*
(2) Cahiers de M. Mesmer.

doit y caufer aucune variation ; du moins, ce me femble, aucune variation fenfible. Quelques Lecteurs pouvant trouver cette explication abftraite, je les prie de fe rappeller que, lorfque, à la campagne, par un tems pur & ferein, on fort, vers le foir, d'un Appartement bien aëré & bien ouvert, pour fe promener au dehors, on fent néanmoins à l'air libre, une certaine expanfion dans les organes, prefque infenfible, mais qui a un attrait plus ou moins marqué. C'eft un apperçu de ce que peut fentir quelquefois une Perfonne qui, fe portant bien, fe fait Magnétifer. Les Nuances qu'obferve la Nature font fi délicates, que lorfque l'on veut en raifonner, on ne fauroit y apporter une attention trop délicate.

Quant aux Malades qui ne fentent rien, il faut confidérer que le Magnétifme Animal ne peut agir fenfiblement que fur leurs Parties, en dés-harmonie. Ces Parties font fouvent tellement inactives, qu'on ne parvient quelquefois à les émouvoir qu'après des travaux opiniâtres. D'autres fois, elles peuvent être cachées fous d'autres Parties, qui, par leur activité, détournent, dans les premiers momens, le Fluide ajouté, en l'entraînant dans des courans déjà établis. Elles peuvent exifter auffi dans des lieux infenfibles, tels, par exemple, que les Organes du Mézentère, qui font infenfibles en comparaifon de l'Eftomach & du *Colon*, dont il a été tant parlé. Enfin, il peut y avoir de l'inadvertence, de la négligence, ou de la mal-adreffe dans le Magnétifeur.

Si MM. les Commiffaires fe fuffent prêtés à ces obfervations, ou à d'autres femblables,

il

il est possible qu'ils eussent cité moins de Personnes qui n'ont rien senti, ou sur lesquelles il y a deux voix.

C'est encore, faute d'observations assez suivies, que MM. les Commissaires ont rejetté le Magnétisme Animal, comme indicateur de l'espèce & du siége du mal. (1) Il n'est pas exact de dire que l'action du Fluide doit y porter *immanquablement* de la douleur. Cela arrive quelquefois; mais, généralement, le Magnétiseur juge mieux, à cet égard, d'après ses propres sensations : ce qui demande des connoissances, des dispositions & une habitude de Pratique que MM. les Commissaires ne me paroissent pas s'être assez constamment occupés d'acquérir. Et, encore, si ce Moyen, absolument ignoré jusqu'à ce jour, n'étoit pas immanquable; s'il étoit sujet, comme toutes nos autres connoissances à quelques incertitudes, il seroit néanmoins infiniment précieux. Au surplus, il faut attendre que les Expériences, qui se multiplient, ayent prononcé définitivement sur l'étendue & les bornes d'indications aussi intéressantes pour l'humanité.

Ne pourroit-on pas aussi, sans amertume, reprocher à MM. les Commissaires, de s'être occupés, moins d'étudier la Nature, que de la trouver en contradiction; moins de suivre sa marche & ses vues, que de lui donner des loix? Lorsqu'ils ont magnétisé une Ouvrière, à travers un double châssis de papier (1), s'étoient-ils assez appliqués d'avance à ces sortes d'Expé-

Marginal notes:

Indication du siége du mal.

Comment le Fluide pénètre les Corps.

Expérience fautive.

(1) Rapport de l'Académie, pag. 23.
(2) *Ibid*, pag. 45, 46, 47 & 48.

H

riences ? S'y étoient-ils affez difpofés ? Sans
doute le Fluide traverfe & pénètre tous les
Corps. Un double papier ne peut arrêter fa
marche; mais encore, faut-il le diriger avec
fagacité, avec précaution, & que le Magnétifeur poffède les difpofitions néceffaires à cet
effet, foit qu'il les doive plus particulièrement
à la Nature, foit qu'il les ait perfectionnées
par une Etude fuivie; &, ce qui eft encore
plus effentiel, il faut qu'il y ait en lui une
volonté déterminée de tirer de fon Art le fruit
qu'on peut en recueillir. Toutes ces conditions
fe trouvoient-elles réunies chez MM. les
Commiffaires ? On le demande. Quant à moi,
je leur accorderai plus qu'ils ne défirent. Non-
feulement, leur dirai-je, le Fluide agit à
travers les Corps intermédiaires; mais même
l'interpofition d'un Corps intermédiaire favo-
rife & augmente fon action. Cependant qu'on
y prenne bien garde; c'eft ici une règle dont
il faut connoître les applications. La fagacité
de l'Art n'eft pas fa mal-adreffe ou fon ignorance. Un fait bien connu peut être cité en
exemple. Lorfque le Soleil darde fes Rayons
brulans, il nous échauffe & nous brûle vivement, fans altérer d'ailleurs notre Santé: mais,
s'il s'interpofe entre lui & nous un nuage,
quelquefois léger, quelquefois affez épais, fes
Rayons, raffemblés en un feul foyer, nous
occafionnent ce que l'on appelle un Coup-de-
Soleil, & quelquefois la Mort. Ne feroit-ce
pas évidemment mal conclure, fi l'on en pré-
tendoit que l'action du Soleil n'eft jamais
tempérée par les nuages qui le font pâlir,
l'obfcurciffent, le dérobent à nos yeux, &

même à tous nos fens ? Quoi qu'il en foit, je conclus de l'Expérience citée, tout au contraire de MM. les Commissaires. Ils n'y ont vu que de l'Imagination : moi, j'y vois une Crife, préparée de loin, à travers un double chassis de papier, pendant une demi-heure, & déterminée, en trois minutes, par la feule approche du Magnétifeur à un pied & demi de diftance.

La queftion des Pôles me meneroit trop loin. Les Phyficiens agiffent en Phyfique, comme Gallien en Médecine : il peignoit la Crife, & ne la définiffoit pas : de même les Phyficiens montrent les Pôles de l'Aimant, & ne difent pas ce qu'eft un Pôle d'Aimant. Peutêtre, lorfque l'on fera d'accord fur les mots, le principe de l'Action fera-t-il moins obfcur, & la manière de le diriger uniforme. Il faut attendre. *Pôles.*

M. Mefmer avance, dans une de fes Propofitions (1), que certains Corps ont une propriété fi oppofée au Magnétifme Animal, que leur préfence détruit tous fes effets dans les autres Corps. Je conviens naturellement que je ne conçois rien à cette Propofition ; & fi je n'étois pas accoutumé à refpecter les idées que M. Mefmer préfente auffi affirmativement que celle-ci, je la rejetterois, fans difficulté, comme contradictoire à fes autres Principes. Mais, en fait de Science, M. Mefmer n'eft pas un homme qu'il faille condamner avant de bien l'entendre. Quoi qu'il en foit, on a *Vertu oppofée.*

_____

(1) Mémoire fur la Découverte du Magnétifme Animal, pag. 78 & 79.

H ij

voulu, dans quelques Ecrits, préfenter cette Propofition comme une reffource qu'il fe confervoit pour cacher fon ignorance en certains cas, ou comme une rufe groffière pour faire valoir un Syftème qui n'exiftoit pas. Rien de tout cela. M. Mefmer convient, & a déclaré plufieurs fois, n'avoir trouvé dans fa vie que trois occafions d'étudier cette partie de fes connoiffances. Autant que je puis me le rappeller, c'eft feulement dans une Femme, un Cheval & un Chien, qu'il a rencontré cette Vertu extraordinaire : jamais en France.

IMITATION.   Lorfqu'on lit le Réfumé énergique de MM. les Commiffaires, ATTOUCHEMENT, IMITATION, IMAGINATION, on s'attend à trouver fur la feconde, quelques détails Phyfiques, tout au moins fa définition. Cependant, ce qu'on en dit, fe réduit à la peindre (1) comme « une action machinale, qui nous » porte, malgré nous, à répéter ce qui frappe » nos fens, & dont la Nature femble nous » faire une loi. » Dans tout le refte, fes opérations font tellement entre-mêlées avec celles de l'Imagination, qu'il eft difficile, finon impoffible, de les diftinguer. Trouvez bon, Monfieur, que, venant après vous, je fépare ce qui doit être féparé.

En Méta-   L'Imitation, lorfqu'elle n'eft qu'un jeu, ou
phyfique.   un effort de l'efprit, eft un Être Métaphyfique, dont il ne peut être queftion ici. J'éloignerai fans ceffe, avec foin, toute idée que vous ayez pu vouloir bleffer aucun de nous. L'Imitation machinale, au contraire, celle

―――――――――――――――――――――――――
(1) Rapport de l'Académie, pag. 64.

dont la Nature nous a vraiment fait une Loi, eſt purement Phyſique ; ce qui la diſtingue eſſentiellement de l'Imagination, ſubſtance intellectuelle.

L'Imitation eſt à l'homme ce que le Ton eſt aux inſtrumens ; & nos nerfs ſont, on en convient généralement, les cordes de l'eſpèce d'inſtrument que nous appellons notre Corps. *En Phyſique.*

Lorſqu'un Violon, poſé ſur une table, eſt monté à l'uniſſon de celui qu'on tient dans la main, ſi l'on fait vibrer une des cordes de celui-ci, la corde correſpondante du Violon poſé ſur la table, répérera le même ſon ; & elle ſe taira, ſi le *Ton* n'eſt pas le même. Cela vient de ce que la corde vibrée modifie, au même *Ton* qu'elle, le Fluide qui l'environne, & de ce que cette modification, *Tonique* du Fluide ne peut ſe communiquer qu'à un Corps également *Tonique*, ou au même *Ton*.

Il en eſt de même dans l'Homme. Si les nerfs de deux individus ſe trouvent au même *Ton*, dès que l'un agit, l'autre doit néceſſairement répéter le même geſte ; & il le feroit avec la reſſemblance la plus exacte, ſi la conformation des organes plus groſſiers, qui couvrent les nerfs, le permettoit.

Delà vient que chez les Peuples qui vivent en ſociété, l'Influence du Climat, les mêmes inſtitutions, les mêmes habitudes, les mêmes goûts propagés par l'exemple, montant inſenſiblement tout le monde à un *Ton* uniforme, chaque Nation a ſon viſage particulier, aux yeux de l'Obſervateur, comme la Nature en donne un particulier à chaque individu. C'eſt par l'Imitation que l'on ſe familiariſe avec les

uſages, que les langues ſe transmettent aux
enfans, que la prononciation, modification ſi
déliée & ſi compliquée, devient uniforme :
en un mot, c'eſt par l'Imitation, par la communication du *Ton*, que ſe propagent, ſe con-
ſervent, ſe policent, parmi les Hommes,
toutes les modifications habituelles & purement phyſiques. Dès que l'Eſprit s'en mêle,
c'eſt une opération différente.

Si, dans un Orcheſtre nombreux & parfaite-
ment d'accord, il ſe trouve deux inſtrumens
montés à un même *Ton*, & en même tems, plus
haut que celui du reſte de l'Orcheſtre, ces deux
inſtrumens s'accorderont & correſpondront
excluſivement entr'eux, de manière qu'une
oreille délicate & exercée pourra ſuivre leurs
modulations, indépendamment des ſons nombreux & plus forts, ſous leſquels ils ſemble-
roient devoir être étouffés, & avec leſquels
il eſt néanmoins impoſſible qu'ils ſe confondent.

Dans les
Traitemens
Magnétiques.
De même, Monſieur, vous avez remarqué,
dans les Traitemens publics du Magnétiſme
Animal (1), qu'il s'établit quelquefois des
ſympathies entre des Malades, qui ſe cher-
chent excluſivement, & qui, en ſe précipitant
l'un vers l'autre, ſe ſourient, ſe parlent avec
affection, & adouciſſent mutuellement leurs
Criſes. Si vous aviez porté à leurs actions
une attention plus ſuivie, vous-vous ſeriez
bientôt apperçu que, n'éxiſtant alors excluſivement que pour eux, ils s'entendent mer-
veilleuſement entr'eux, pendant qu'indifférens
à tout le reſte, ils ne voient & n'entendent

_____

(1) Rapport de l'Académie, pag. 7.

rien de ce qui se passe à l'entour, à moins
qu'on ne les contrarie directement, ou que,
soit par la parole, soit par le geste, on ne fixe,
avec l'intelligence du moment, leur attention
sur des objets qui les concernent uniquement.
En un mot, ils font un Monde à part. Ils sont
seuls dans leur Univers ; & il ne faut pas croire
qu'ils en aient moins d'intelligence : ils portent
au plus haut degré celles dont ils ont besoin.

Tout cela, Monsieur, est ainsi, parce qu'ils
sont seuls au même *Ton*, & que ce *Ton* ne peut
se mêler avec aucun autre.

Mais ce n'est pas tout : deux Malades peuvent bien différer de *Ton* avec tout ce qui les
environne, & conséquemment se convenir
réciproquement & exclusivement. Mais il arrive
souvent qu'ils ne jouissent pas d'une même
somme de Mouvement : alors ils doivent s'ap-
procher pour se mettre en équilibre, & le
Malade, le moins chargé, reçoit de l'autre le
surplus de son Mouvement. Cet effet s'opère
quelquefois à des distances considérables,
comme on en a des exemples sensibles dans
l'Electricité, quelquefois assez doucement,
quelquefois par explosion, telle que l'un des
Malades, ou tous les deux, tombent à la
renverse dans le fauteuil qu'on leur présente,
où les bras qu'on leur tend pour les recevoir.

Si, dans ces momens, un instrument se fait
entendre, qu'il joue des airs variés ou trop
prompts, qu'il passe rapidement d'un *Ton* à un
autre, qu'il soit discord, le Malade, qui se
trouve en dissonance, est inquiété, tourmenté,
fatigué : souvent il se met en fureur, jusqu'à
ce que, par des modulations plus douces, il

H iv

se sente agréablement affecté; & alors il s'appaise. Cependant, comme vous l'avez fort bien observé, ces accidens sont variés. Tel Malade tombe en crise, parce que l'instrument change brusquement de *Ton* : tel autre en sort par la même cause. Ce n'est point là l'étude d'un moment. Quand les Grands Maîtres ne jugeront pas indigne d'eux de s'y appliquer, il est à présumer que nous gagnerons infiniment à les entendre. En attendant, nous bégayons.

Mais à quoi bon tous ces effets? « Les Maladies de Nerfs, lorsqu'elles sont naturelles, » sont le désespoir des Médecins. *Ce n'est pas* » *à l'Art à les produire* », disent MM. les Commissaires (r).

Dangers des maux de nerfs. Cela s'appelle, Monsieur, poser en Principe ce qui est en Question. Je ne veux pas retomber dans une discussion sur les *Crises;* mais, s'il est vrai que, lorsque la Nature est troublée dans la marche progressive qui constitue la Vie de l'homme; s'il est vrai qu'alors elle fasse effort pour y revenir, pourquoi les symptômes, que nous appellons Maux de Nerfs, seroient-ils autre chose que les symptômes ou signes de ces efforts? Jusqu'à présent, disent MM. les Commissaires, la Médecine ne s'est occupée qu'à les calmer, qu'à les arrêter. Qu'en est-il arrivé, de leur propre aveu? Que toujours ces maux *sont le désespoir des Médecins.*

Quel triste résultat, Monsieur? Et si les maux de Nerfs n'étoient que des Crises insuffisantes de Maladies Chroniques: si, au lieu

(r) Rapport de l'Académie, pag. 63.

de les calmer, de les arrêter, il falloit les favoriser, les accélérer, même les susciter : quelle question intéressante à traiter devant une Génération énervée !

Comme je ne m'en sens pas la force, j'aime Leur utilité. mieux, si MM. les Commissaires le trouvent bon, me mettre, comme eux, à mon aise, en posant en Principe ce qui est en Question.

Oui, Monsieur ; lorsqu'une jeune personne est attaquée de Maux de Nerfs, ou qu'elle en laisse appercevoir les dispositions, il faut se hâter de favoriser ces Crises, avant que le développement de la Puberté ne fasse les ravages dont il n'est que trop souvent accompagné. Lorsque les Maux de Nerfs succedent à ce développement, il faut encore favoriser ces Crises, & profiter des forces de la Jeunesse pour préserver l'âge mûr de la Foiblesse, la Maladie & la Mort. Si le mal se déclare à cette importante époque de la vie, il faut aussi user des derniers momens de l'ascension de notre Nature, pour qu'elle ne nous accable pas d'infirmités dans sa décroissance. Dans ce dernier tems, les Crises de Nerfs sont rares : la raison en est simple. La Nature ne monte plus vers le Mouvement : elle descend vers le dernier Repos. Alors, ses moyens de nous maintenir en santé, sont analogues aux précédens ; & ces moyens, réduits en art, c'est toujours le Magnétisme Animal.

MM. les Commissaires citent un exemple Expérience relative. qui vient ici fort à propos (2). Un jour de première Communion à S. Roch, à la rentrée

_____

(1) Rapport de l'Académie, pag. 63.

de la Proceſſion dans l'Egliſe, une jeune Fille
tombe en convulſion, & auſſitôt cinquante ou
ſoixante jeunes Perſonnes, du même âge,
éprouvent des accès pareils. MM. les Commiſſaires penſent que cette Maladie convulſive
étoit Epidémique. Mais le mot Epidémie, non
défini, eſt un mot ſans ſignification. Dans la
vérité, toutes ces jeunes Filles étoient plus ou
moins incommodées : elles avoient toutes, plus
ou moins, beſoin d'être vivement agitées :
occupées d'un Acte très-ſérieux, leurs tendres
organes étoient montés au même *Ton* : elles
ſubirent la Loi que *la Nature nous a fait de
l'Imitation* ; tandis que les nombreux Aſſiſtans,
n'étant pas au même *Ton*, ne furent aucunement atteints de la prétendue Epidémie. J'ai
oui dire, ſans pouvoir citer mes Auteurs, que,
quelques mois après, il étoit mort miſérable-
ment pluſieurs de ces jeunes Perſonnes. Si le
fait eſt vrai, ce fut uniquement parce que l'on
ne trouva d'autre remède que de les ſéparer.
Il falloit au contraire profiter de l'indication
de la Nature, les réunir, favoriſer les *Criſes*,
en attendant que l'on pût décider s'il eſt réellement des moyens de les adoucir dans un
Traitement ſuivi, ſans contrarier le vœu de
la Nature ; ce que je me ſuis contenté de mettre
en queſtion en parlant de ces Criſes.

IMAGINA-
TION.

MM. les Commiſſaires ont peint les effets
de l'Imagination, & ne l'ont pas définie. Elle
eſt la faculté qu'a notre Ame de percevoir, avec
promptitude & vivacité, les objets les plus
près & les plus éloignés. C'eſt une portion de
notre Ame ; c'eſt notre Ame elle-même : car
notre Ame, Etre ſimple, eſt indiviſible.

L'Ame commande impérieusement le Corps; *Ame.*
mais, à son tour, elle est dans sa dépendance.
Prisonnière & exilée, c'est à cette condition
seule qu'elle peut s'unir un jour à Celui qui la
créa.

Son action spontanée sur le Corps, a lieu *Volonté.*
par une de ses facultés que nous avons nom-
mée Volonté; & nous ne pouvons pas douter
que ce ne soit par l'intermédiaire d'organes
intérieurs, que cette action se transmet au
dehors. Nous sçavons que les Nerfs sont les
agents de toutes nos sensations : nous sçavons
enfin que les Nerfs sont eux-mêmes mis en
action par le Fluide Nerveux. Je dis Nerveux;
car, dans ce moment, le nom ne me fait rien.

Donc, l'action de notre Volonté frappe im- *Son action*
médiatement le Fluide Nerveux; &, lorsqu'elle *sur le Fluide.*
est frappée elle-même par les objets exté-
rieurs, elle l'est immédiatement par ce Fluide.
Comment d'ailleurs cette action & réaction
s'opèrent-elles? Vous & moi, Monsieur,
l'ignorerons toujours : là sont les bornes de la
Physique.

Nous connoissons l'extrême facilité avec laquelle l'Ame se transporte, par la Pensée,
d'une des extrémités de l'Univers à l'autre;
mais nous ignorons comment cela se fait.

Nous venons de reconnoître que, par l'acte *Fluide sou-*
seul de sa Volonté, l'Ame frappe & chasse *mis à la vo-*
devant elle le Fluide qui vivifie nos organes. *lonté.*
A présent, Monsieur, j'ai l'honneur de vous
demander s'il est raisonnable de penser que
ce Fluide pénétrant s'arrête précisément au
bout de nos doigts, sans pouvoir absolument
aller plus loin; & s'il n'est pas plus naturel

de croire que dans un Milieu, auffi perméable que l'Air, l'action de notre Volonté peut le porter, le diriger, le commander, à une diftance, par exemple, de vingt pieds? Mais, avant de me répondre, daignez, je vous prie, réfléchir à la force incommenfurable de la Volonté, & à l'exceffive activité dont le Fluide Nerveux doit être fufceptible, à l'inftar de tous les autres Fluides; de la Lumière, par exemple.

Comment. Auffi, Monfieur, eft-ce par la Volonté que l'on dirige principalement le Fluide Magnétique, que l'on parvient à fe faire une habitude prefque machinale de cette direction, que l'on peut Magnétifer à des diftances plus ou moins éloignées, & dont les bornes ne font pas encore exactement affignées par l'Expérience, enfin, que l'on peut atteindre l'objet même que l'on ne voit pas, en le vifant intellectuellement, & en conduifant fa Volonté par les filières intérieures de fon propre Corps, comme l'on vife plus groffièrement, mais non plus méchaniquement, la Perdrix qui s'échappe dans les airs, en faifant paffer l'action de fa Volonté par les organes déliés de l'œil & la vifière d'un fufil.

Méchanifme du Fluide. Cependant la portion de Fluide que chaffe notre Volonté, rencontre la portion de Fluide que chaffe également la Volonté de la Perfonne que nous cherchons à affecter. Alors ces deux portions, communiquant enfemble, elles le font de toute néceffité, conformément aux Loix méchaniques des Fluides; &, je ne fuppofe pas que MM. les Commiffaires, tous Phyficiens, me veuillent nier cette der-

nière propofition. Ils reconnoiffent un *Fluide*.
Qu'il foit Univerfel, qu'il foit Nerveux, qu'il
foit, fuivant leur expreffion, un Fluide *qui*
nous appartient; dès qu'il eft *Fluide*, il doit
indifpenfablement être affujetti aux Loix quel-
conques des *Fluides*.

Depuis quelque temps, les Expériences d'Ai- Preuves par analogie;
mant & d'Electricité nous ont familiarifés
avec partie de ces Loix. Par l'Effai de leur
application au Corps humain, la Médecine
nous a éclairés fur quelques-unes de nos Propriétés relatives. Nous avons vu, étudié, fuivi,
comparé la marche de ces Phénomènes. Ce
premier pas fait, il s'agiffoit de favoir fi nous
n'étions pas nous-mêmes mis en action par
quelqu'Agent analogue. Tout le dit : on en
convient. On convient d'un Fluide Nerveux,
d'un Fluide *qui nous appartient*; mais, on
n'ofe aller jufqu'à dire que ce Fluide quelconque doit avoir une marche quelconque à
étudier, comme s'il étoit poffible que cela
fût autrement. M. Mefmer, au contraire, Et marche de M. Mefmer.
moins pufillanime, a généralifé fes idées. De ce
qu'il exifte néceffairement un Fluide dans l'A-
nimal, il a conclu que l'on pouvoit s'emparer de lui, puifque l'on s'empare des autres.
Or, comme l'Eau entraîne l'Eau, que le
Feu conduit le Feu, que l'Aimant s'empare
de l'Aimant, &c. M. Mefmer a encore conclu
que le Fluide d'un Homme pouvoit entraîner,
conduire, s'emparer du Fluide de fon femblable, fe lier avec lui, agir & réagir fur
lui, produire enfin les mêmes Phénomènes,
ou des Phénomènes analogues à ceux de tous
les Agents analogues. Envifageant de plus,

que l'Homme eſt un Etre organiſé, vivant, actif, penſant; il n'a pu ſe diſſimuler que, de tous les Etres, il devoit être le plus fécond en modifications, que des Etres purement paſſifs ne peuvent partager au même degré. Parvenu à ce point, il a ſenti que l'Agent qu'il cherchoit à reconnoître ne devoit être, dans l'Homme, qu'une diſpoſition naturelle, & conſtituant ſon exiſtence; &, alors, rapprochant ſes connoiſſances Phyſiques, Médicales, Anatomiques & autres, il eſt parvenu à créer une Science entièrement nouvelle, auſſi ſimple dans ſes Principes, que compliquée dans ſes réſultats : Science qui abſorbera, dans la ſuite, toutes les facultés de l'Homme ſçavant & appliqué; & qu'en attendant, MM. les Commiſſaires traitent d'imaginaire.

Pouvoir & bornes de l'Imagination.

J'ai éloigné le mot IMAGINATION de ce que je viens de dire. Il eſt temps d'y revenir. L'IMAGINATION, conſidérée comme une faculté iſolée de notre Ame, agit au-dehors avec une incompréhenſible rapidité; &, alors, s'étendant au loin, & en tous ſens; elle raſſemble tout ce qu'elle rencontre, & y joint même ce qui n'exiſte pas; mais, ſi les objets extérieurs, en réagiſſant ſur elle, ſont les plus puiſſans, ils la contiennent, l'amortiſſent, l'anéantiſſent, pour ainſi dire, comme on le voit, dans les momens de ſtupéfaction. Ainſi donc, de quelqu'étendue que ſoit la Sphère qu'elle embraſſe, cette Sphère a ſes bornes. Si l'on veut s'entendre, il faut la bannir de toutes les opérations de l'Eſprit, qui tiennent à une Volonté calme & continue; &, certainement,

elle n'a aucun Rapport direct avec les mouvemens purement machinaux de nos Organes ;
mouvemens qui s'exécutent par circulation
d'humeurs, en raison de l'impulsion que celles-
ci ont antérieurement reçues.

D'où il suit que, si le Magnétisme Animal,
dans sa marche méchanique, secondée de la
Volonté du Magnétiseur, est maîtrisé par l'I-
magination du Magnétisé, celle-ci peut nuire
infiniment à l'action du Magnétisme Animal.
Si, au contraire, l'action Méchanique du Magnétisme, secondée de la volonté du Magnétiseur, est la plus forte ; si elle parvient à
maîtriser l'Imaginaton du Magnétisé, celle-ci
devient nulle, peut même être utile. D'où il
suit encore que, dans les momens de Volonté
calme, ou dans ceux de pur Méchanisme de
part & d'autre, l'Imagination n'est & ne doit
être considérée pour rien.

Ces principes posés, j'accorde à MM. les
Commissaires que la Volonté ou l'IMAGINA-
TION, puisqu'on veut la nommer ainsi, étant
essentielle pour bien Magnétiser, toutes les
fois que ces Messieurs ont fait des Expériences,
sans la Volonté déterminée d'y réussir, leur
Imagination peut avoir fait manquer les Expériences ; &, conséquemment, que toutes ces
Expériences peuvent avoir été mal-faites.

Je leur accorde qu'en s'armant d'un doute
Philosophique, en détournant expressément leur
attention, ils ont pu opposer l'Imagination à
la Volonté, & nuire ainsi à quelques effets
particuliers du Magnétisme ; mais je prendrai
la liberté de nier que ce Moyen soit infaillible,
& puisse réussir long-temps ; sur-tout, si l'on
est sérieusement incommodé.

Nuit & peut
être utile dans
le Magnétis-
me.

Application
de ces Prin-
cipes au Rap-
port.

Idem.

Idem. Je leur accorde que, dans les Expériences
sur des Sujets très-mobiles, ou dans un état
habituel de Crife, l'appareil de leur bander
les yeux, de les tenir dans des Niches, de
leur faire accroire qu'on les Magnétifoit (1),
a pu influer, en frappant l'Imagination, fur
la promptitude avec laquelle certaines crifes
fe font déclarées, & même en faire commencer de toutes prêtes à éclore. En conféquence,
je leur accorde encore que toutes ces Expériences ont été faites dans un efprit diamé-
tralement oppofé à celui de reconnoître s'il
exifte, ou non, dans la Nature, un Méchanifme inconnu, par lequel elle travaille Phyfi-
quement à notre confervation.

Idem. Je leur accorde qu'un jour de Bataille,
l'Imagination de quelques Braves doit être très-
vivement en action; mais je nie que cette caufe
agiffe auffi généralement qu'on le prétend fur
la multitude. Le bruit des Armes, &, fur-
tout, celui du Canon, amortiffent l'Imagination, loin de la vivifier. Mais le mouvement général & uniforme montant les organes
au même *Ton*, celui d'Imitation fe communique par-tout à la fois; &, dans cet état,
qui tient certainement bien plus à celui de
ftupéfaction, ou de la Brute, qu'à celui
d'Imagination, le Soldat va au feu, marche,
ferre les rangs, remplace fon camarade mort,
conferve la difcipline au milieu de la con-
fufion & du carnage, & Tue fon femblable
fi machinalement, que prefque jamais il ne
le vife.

_____

(1) Rapport de l'Académie, pag. 36, 38, 45 & autres.

Je

Je leur accorde que, dans les déroutes, *Idem.*
c'eſt ſouvent la Peur, ou l'Imagination de
quelques-uns, qui donne le ſignal de la fuite
à tous les autres; mais je nie que ce ſenti-
ment ſoit toujours celui de la multitude. Elle
fuit par Imitation. Cela eſt ſi vrai que,
quelquefois, ſans ſonger à mort ou à enne-
mi, la gaieté s'en mêle. Il n'eſt pas rare
qu'un plaiſant, qui fuit comme les autres,
faſſe rire ſes Camarades, & que la converſation, de rang en rang, ſoit aſſez enjouée.

Je leur accorde que ces diſtinctions Méta-
phyſiques ſont peut-être trop ſubtiles, & qu'il *Idem.*
eſt très-difficile d'établir en ce genre, une ligne
de démarcation bien exacte; mais je nie que
ce ſoit le cas de les omettre, dans un moment,
où, pour juger une queſtion Phyſique, on n'a
parlé que Métaphyſique.

Je leur accorde que, lorſqu'une perſonne *Idem.*
tombe en criſe, d'autres perſonnes montées
à un *Ton* relatif, y tombent ſucceſſivement,
en vertu de l'*Imitation dont la Nature nous a
fait une Loi* ; mais je nie que le ſecours de
l'Imagination, ni même le conſentement de
la Volonté, y ſoient néceſſaires, puiſque cette
communication, purement Phyſique, peut avoir
& a ſouvent lieu, par la Propagation du Mouvement *tonique* d'un appartement à un autre,
ſans que l'on ſache dans le ſecond, ce qui ſe
paſſe dans le premier.

Je leur accorde que l'on ne ſent ſes maux *Idem.*
que lorſque l'on y penſe; mais je nie qu'il
faille toujours ſentir ſes maux pour qu'ils
exiſtent. Écoutons M. Meſmer; « Une Loi
» des Senſations, dit-il, eſt que de toutes

I

» les impreſſions qui ſe font ſur nos organes,
» celle-là devient plus ſenſible, qui eſt la plus
» forte, & que la plus forte ſenſation efface
» la plus foible (1) «. Ainſi, lorſque nous
ſommes affectés dans quelques parties de notre Corps, de maux plus ou moins légers,
ou plus ou moins forts, ſi notre Ame reçoit
d'un autre côté, des impreſſions plus vives
de peine ou de plaiſir, nous ne ſentons pas
nos maux ; mais ils n'exiſtent pas moins. Ils
ſont là qui attendent, pour nous faire ſouffrir, l'inſtant où ceſſera notre diſtraction pré-
caire.

C'eſt ainſi que, dans une violente fièvre
maligne, où nous n'avons pas une ſeule partie
de notre Corps qui ne ſoit en état de vive
ſouffrance, nous ne ſentons néanmoins que
le Point de côté qui nous affecte plus ſpé-
cialement. Nous ne ſoupirons qu'après ce ſou-
lagement. Arrive-t-il ? les autres ſouffrances
paroiſſent à leur tour : effet vraiment Phyſique, quoique notre Ame ſoit néceſſairement
de la partie.

J'accorde donc que M. B*** ait reſſenti dans
les Lombes (2) une chaleur telle que celle
d'un Poële, pendant qu'il croyoit être Ma-
gnétiſé. Mais je nie que ce fût un effet de
pure Imagination. La chaleur exiſtoit dans les
Lombes, & il eſt poſſible que la poſition dans
laquelle on le tenoit avec appareil, ait hâté le
développement de cette douleur ; comme il
eſt poſſible que des Magnétiſeurs, peu inſtruits

(1) Cahiers de M. Meſmer.
(2) Rapport de l'Académie, pag. 32.

en Magnétifme, le Magnétifaffent fans s'en douter.

J'accorde que M. Sigault (1) a opéré de grands effets fur une Dame, en faifant femblant de la Magnétifer ; mais je nie qu'il foit décidé qu'il ne la Magnétifât pas. *Idem.*

J'accorde que le même M. Sigault a fait peur du Magnétifme à une Dame, en faifant femblant de la Magnétifer à travers la grille d'un Couvent : car, cette Dame, alors prévenue contre le Magnétifme Animal, raconte que, cette plaifanterie lui répugnant, elle pria réellement de la ceffer, comme le dit M. Sigault lui-même (2). *Idem.*

J'accorde que le même Médecin ait guéri une grande Migraine fur le Pont-neuf ; mais je nie que l'Imagination du Magnétifé y eût aucune part, puifque l'Artifte célèbre à qui l'on rendit ce fervice en fut dans le *plus grand étonnement* (3) ; ce qui eft l'oppofé d'une Imagination frappée. *Idem.*

J'accorde enfin à M. Sigault (4), qu'incrédule en Magnétifme Animal, on lui a fait éprouver un refferrement de Poitrine & des palpitations, & que ces effets n'ont été que paffagers ; mais je nie que fon Imagination ait été affez vivement affectée pour ne reffentir que les effets de la Peur. *Idem.*

J'accorde à MM. les Commiffaires qu'ils ont bandé les yeux à un jeune homme (5), *Idem.*

(1) Rapport de l'Académie, pag. 33.
(2) *Ibid*, pag. 34.
(3) *Ibid*, pag. 34.
(4) *Ibid*, pag. 34.
(5) *Ibid*, pag. 35. 36.

pour le mener, dans cet état, à un Arbre
Magnétifé, & que le jeune Homme eft tombé
en crife au quatrième Arbre précédent; mais
je nie que ce foit-là un effet de l'Imagination. Écoutons encore M. Mefmer: « Les
» courans *toniques*, dit-il (1), peuvent être
» renforcés & propagés par toutes les caufes de
» mouvement commun, & par les corps doués
» de mouvemens particuliers ». C'eft ainfi
que chaque mouvement particulier des arbres
environnants, renforçant & propageant le mouvement *tonique* communiqué par M. d'Eflon,
le jeune homme a pu en être atteint d'affez
loin. Ainfi, cette expérience, au lieu d'être
un fait d'Imagination, peut être confidérée
comme un développement, & comme une
preuve d'un grand principe.

Idem.   J'accorde à MM. les Commiffaires que ce
même jeune homme, étant en voiture (2)
avec M. d'Eflon, n'a rien fenti quand on ne
le Magnétifoit pas. Je leur accorde, de plus,
que, lorfqu'il eft tombé en crife fous les
arbres, les fecours de M. d'Eflon l'ont fait
revenir de cet état.

Idem.   J'accorde à MM. les Commiffaires qu'ils ont
fait inutilement tout ce qu'ils pouvoient (3)
pour ébranler l'Imagination d'une Demoifelle
de vingt ans, afin de la rendre muette; mais
je nie que ce foit l'Imagination qui l'ait rendu telle précifément, lorfqu'on s'eft décidé
à faire le feul mouvement Magnétique qui
l'eût rendu muette jufqu'alors.

(1) Cahiers de M. Mefmer.
(2) Rapport de l'Académie, pag. 37.
(3) *Ibid.*, pag. 42.

J'accorde à MM. les Commiffaires (1) que, *Idem.* dans les yeux font dépofés les traits les plus expreffifs des Paffions; mais je nie qu'une perfonne, qui, fortant de crife, fixa fes regards pendant trois quarts-d'heure fur celui qui la Magnétifoit, en agit ainfi par Imagination. Elle étoit, au contraire, en état de ftupéfaction; & fa crife, loin d'être achevée, étoit peut-être à fon plus haut période.

J'accorde, enfin, à MM. les Commiffaires *Idem.* qu'une efpèce de Prophéteffe, âgée de vingt-fept à vingt huit ans, a pu devenir, dans les Cévennes, *groffe* (2) du fait du fieur de Mandragors, Maire d'Alais, Seigneur de Terres confidérables, ancien Subdélégué de l'Intendant, Auteur, &, jufques là, réputé pour fage; mais je nie que l'Imagination ait été le Père Phyfique de l'Enfant.

Après avoir autant accordé & autant nié *Expériences contraires à celles du Rapport.* à MM. les Commiffaires, il eft jufte que je les mette à portée d'en ufer de même envers moi. Je ne leur ai pas difputé les faits. C'eft à eux à voir s'ils me jugeront digne des mêmes égards. Voici quatre Expériences dont je réponds. Je les ai choifies de préférence entre mille autres, parce qu'elles me touchent de très-près; qu'elles font inftantanées, & du Genre que MM. les Commiffaires ont préféré à tout autre.

Je trouvai un jour M. Mefmer dans une *Première.* Chambre féparée de fes Traitemens. La converfation s'anima entre nous fur un fujet affez

(1) Rapport de l'Académie, pag. 43.
(2) *Ibid*, pag. 54 & 55.

bizarre, pour détourner mon attention de tout autre objet. Cependant, M. Mesmer avoit placé ses mains sur mes Hypocondres. Lorsqu'il les en retira, en finissant la conversation, deux filets distincts, & des plus distincts, se séparèrent de ses mains pour descendre le long intérieur de mes cuisses, de mes jambes, & sortir par mes orteils, sans qu'il me restât d'autres traces de cet effet que le profond étonnement dans lequel il me jetta. Je ne connoissois pas alors ce Phénomène, & ne l'ai pas éprouvé depuis; mais j'ai connu des personnes qui l'ont senti comme moi ; & je l'ai, moi-même, fait éprouver à d'autres.

Deuxième.   Une autre fois, je me suis donné, près de Ruel, une foulure considérable au poignet droit. Je regagnai Paris avec la plus grande peine ; & de Nanterre à la Capitale, je fus obligé de voyager à pied, ne pouvant soutenir la voiture, ni même m'arrêter un moment sans m'évanouir, malgré les soins de M. d'Eslon, qui avoit la bonté de m'accompagner. J'arrivai chez moi, tard, & dans la nuit. M. d'Eslon balançoit à me faire saigner, parce qu'il savoit que je m'étois fort agité dans la journée, tandis qu'un Chirurgien, qu'on avoit appellé à tout événement, vouloit me saigner deux fois, jugeant, par l'excès de mes souffrances, que la chose étoit indispensable. D'un autre côté, j'étois depuis peu entre les mains de M. Mesmer ; la Nature de ses procédés nous étoit inconnue : il étoit imprudent d'aller en avant sans son avis. Je me déterminai à souffrir, & à attendre le moment où M. Mesmer pourroit venir. Il le fit le plus-tôt qu'il lui fut

poſſible ; mais il ne fut libre qu'à une heure
après midi. Mon état n'étoit changé en rien
quand il arriva. Il me traita près d'un quart-
d'heure , & je fus peu de temps ſans m'appercevoir que la douleur qui couroit auparavant,
d'une extrémité de mon bras à l'autre , comme
le Mercure dans un tube de verre agité , ſe
changeoit en une douleur plombante extrêmement forte, mais , à mon avis , plus ſup-
portable que la précédente. Cependant je
m'aſſoupiſſois : je demandai mon lit. Je m'y
endormis d'un profond ſommeil ; & , trois
heures après , je me réveillai guéri.

M. de ***, mon Neveu, étoit fort pré- Troiſième.
venu contre le Magnétiſme Animal. Mais, un
ſoir , on ne ſçait comment , entr'ouvrant la
porte d'un appartement , il ſe donna auſſi une
foulure ſi forte que , malgré ſa jeuneſſe &
ſon agilité, il lui fut impoſſible de ſe relever.
J'arrivai dans le moment , ainſi que quatre
ou cinq Perſonnes. Je recommandai de ne
pas le faire ſouffrir par d'inutiles ſecours, &
j'allai chercher M. d'Eſlon , qui , dans un
Sallon voiſin , s'entretenoit avec nombreuſe
Compagnie. J'arrivai avec lui auprès de mon
Neveu trois ou quatre minutes après l'avoir
quitté. Il n'avoit pu ſe relever. M. d'Eſlon
approcha ſon pied du ſien ; & en très-peu de
tems , ce mouvement fut ſuivi d'une envie
de vomir déclarée, mais qui n'eut pas d'effet :
au lieu de vomir, mon Neveu ſe leva, di-
ſant qu'il étoit guéri : & il l'étoit.

Mademoiſelle de ***, ma Couſine, de- Quatrième.
meuroit en Province. Elle y fut attaquée d'une

de ces Maladies terribles qui la firent abandonner à la Nature, les Médecins décidant que, fi elle étoit encore en vie dans vingt-quatre heures, il y auroit quelque efpoir. La Crife fut favorable. La Malade en revint, mais demeura languiffante. Six mois après, elle vint à Paris. Extrêmement foible, elle avoit, entre autres Symptômes, des efpèces d'Hydropifies locales, & groffes comme le poing, autour des Epaules, du Sein, des Hanches, & fur les côtés. Ce que nous lui dimes de M. Mefmer attira fon foible fourire : néanmoins, fe trouvant un foir avec lui, on le pria de la toucher. Elle s'y prêta par complaifance, & ne fentit rien. Mais M. Mefmer ne fe fut pas éloigné de deux pas, qu'elle fe plaignit de défaillance. Tout-à-coup toute la vigueur de la jeuneffe lui reprit. Elle monta l'éfcalier avec rapidité ; une abondante évacuation par les urines fe déclara ; après quoi, elle ne retrouva plus fes Hydropifies. Elles n'ont point reparu depuis, elle s'eft mariée, a un Enfant, & fe porte fort bien.

Conclufions des Commiffaires. En rapprochant les Rapports de MM. les Commiffaires de la Faculté, de l'Académie des Sciences & de la Société Royale de Médecine, on voit que l'Efprit de leurs Conclufions eft que le Magnétifme Animal, n'étant que l'art funefte d'exciter des Convulfions, ces Convulfions pouvant devenir Epidémiques, & s'étendre aux générations futures, il feroit à propos de défendre, non-feulement les Traitemens Publics, mais encore tout ce qu'on préfente dans ce moment fous la dénomination

de

de Magnétisme Animal, puisque l'appareil en est par tout le même. (1)

Je me permettrai de combattre cet avis. Sans *La mienne.*
doute, il auroit été mieux, ainsi que je l'ai
avancé dans le mois de Février dernier, que,
par des mesures sagement prises, le Magnétisme Animal fût parvenu au Public par l'entremise des Sçavans, plutôt que d'être transf-
mis aux Sçavans par l'entremise du Public;
mais cet inconvénient étant sans remède, aujourd'hui, que le Magnétisme Animal est entre les mains de tant de monde, il n'y faut
plus penser. Si le MAGNÉTISME ANIMAL n'est
qu'une vaine erreur, il tombera de lui-même,
après l'effervescence des premiers tems. S'il est
une Science vraiment utile, ce seroit un grand
mal de mettre des obstacles à ses progrès. Dans
ce moment d'agitation, de division, de tu-
multe dans les Esprits, il paroîtroit impossible
de prendre avec prudence une détermination
décisive. Il vaut mieux attendre, voir ce que
cela deviendra; &, lorsque les choses auront
pris un cours réglé, il est à présumer, ou,
pour mieux dire, indubitable, que la sagesse
des Loix, éclairée par la discussion des faits,
se déterminera pour les Réglemens les plus
utiles au bonheur & à la tranquillité des Peuples qui vivent sous sa protection. En attendant, je croirois dangereux de défendre les
Traitemens Publics, que, seuls, on peut
contenir en des mains prudentes & connues,
& qui seuls, peuvent être éclairés de manière
à donner au Gouvernement & aux Tribu-

_____

(1) Voyez la Conclusion des deux Rapports.

K

naux, des renfeignemens affez exacts, pour fixer un jour les irréfolutions du moment actuel.

Je ne finirai pas, Monfieur, fans vous réitérer l'affurance que mon attachement pour votre Perfonne eft égal à ma fincère eftime pour vos talens. C'eft dans ces fentimens que j'ai l'honneur d'être,

Monfieur,

Votre très-humble & très-obéiffant Ser-
viteur,

GALART DE MONTJOYE.

Paris, le 28 Septembre 1784.

M. DCC. LXXXIV.

www.ingramcontent.com/pod-product-compliance
Lightning Source LLC
Chambersburg PA
CBHW071951110426
42744CB00030B/871